Eva Prawitt

Ein kleiner Engel entdeckt Weihnachten

24 Überraschungsgeschichten

W0095015

Gütersloher Verlagshaus

Originalausgabe

Die Deutsche Bibliothek – CIP-Einheitsaufnahme

Prawitt, Eva:
Ein kleiner Engel entdeckt Weihnachten :
24 Überraschungsgeschichten / Eva Prawitt. –
Orig.-Ausg. – 2., durchgesehene Aufl. – Gütersloh : Gütersloher Verl.-Haus, 2000
 (Gütersloher Taschenbücher ; 1534)
 ISBN 3-579-01534-6

Dieser Band folgt der reformierten Rechtschreibung und Zeichensetzung.

ISBN 3-579-01534-6
2., durchgesehene Auflage, 2000
© Gütersloher Verlagshaus, Gütersloh 1999

Umschlaggestaltung: INIT, Bielefeld,
unter Verwendung einer Illustration von Astrid Leson, Münster
Satz: Weserdruckerei Rolf Oesselmann GmbH, Stolzenau
Druck und Bindung: Clausen & Bosse, Leck
Gedruckt auf chlorfrei gebleichtem Werkdruckpapier
Printed in Germany

Inhalt

Vorwort

Vielleicht ist es draußen gerade richtig kalt, matschig und ekel-
haft. So ist das Wetter meistens, wenn der November zu Ende
geht. Du kannst nicht raus zum Spielen, und drinnen ist es auch
langweilig. Gut, dass endlich der Dezember beginnt und mit ihm
die Adventszeit. Im Advent bereiten wir uns auf Weihnachten vor.

Ich habe für dich aufgeschrieben, wie die Kinder Conni und
Tim die Adventszeit erleben. Jeden Tag kannst du eine Geschichte über die beiden lesen. Am Ende der Geschichten,
manchmal auch mittendrin, wirst du Ideen zum Nachbasteln
finden. Diese Textteile sind in kursiver Schrift abgedruckt. Außerdem kannst du sie durch einen »Basteleimer« am Seiten-
rand erkennen. Conni und Tim haben alle Basteleien auspro-
biert. Dir gelingen sie ganz sicher auch.

Bestimmt möchtest du sofort Conni und Tim kennen lernen.
Doch vorher stelle ich dir Uli vor. Uli ist kein Mädchen und kein
Junge, nicht klein und nicht groß, nicht alt und nicht jung, denn
Uli ist ein Engel. Und zwar ein ziemlich neugieriger. Und weil
er so neugierig ist, muss er unbedingt herausfinden, welches
der wichtigste Geburtstag der Welt ist. Wie er das macht und was
er dabei erlebt, kann ich dir nicht auf dieser ersten Seite erzählen, denn eine Seite ist viel zu kurz für die vielen Abenteuer
von Uli, Conni und Tim. Aber eins kann ich dir schon verraten:
Uli träumt sich auf die Erde. Und verwundert stellt er fest, dass
es dort ganz anders zugeht als im Himmel. Jedenfalls erlebt er
bei den Menschenkindern Conni und Tim eine spannende Adventszeit und er erfährt eine Menge Neuigkeiten über den
wichtigsten Geburtstag der Welt. Du möchtest wissen, welcher
das ist?

Am besten, du liest es gleich einmal nach.

Viel Spaß dabei und fröhliche Weihnachten wünscht dir

Kassel, im Mai 1999   Eva Prawitt

1. Dezember
Uli möchte etwas über Geburtstage erfahren

Uli ist kein Mädchen und kein Junge, nicht klein und nicht groß, nicht alt und nicht jung, denn Uli ist ein Engel. Und wenn einer ein Engel ist, dann hat er kein Alter. Das ist ein bisschen schade, denn ohne Alter gibt es auch keinen Geburtstag.

Bisher hat es Uli nichts ausgemacht, keinen eigenen Geburtstag zu haben, denn er hat sonst alles, was er sich wünscht. Uli wohnt nämlich im Himmel, und im Himmel ist es schön, weil der Himmel nah bei Gott ist. Das ist sehr praktisch, denn immer, wenn Uli sich über etwas ärgert, wenn er traurig oder betrübt ist, aber auch, wenn er vor Freude einen Purzelbaum schlagen möchte, kann er sofort zu Gott gehen und ihm alles erzählen. Und Gott hört ihm zu, tröstet ihn oder freut sich mit ihm.

Uli kann natürlich auch zu den anderen Engeln gehen, mit ihnen lachen und singen, spielen, toben oder über die vielen Geschichten Gottes nachdenken.

Uli kennt alle Geschichten Gottes. Im Himmel gibt es nämlich eine große Bibliothek, und dort stehen in langen Reihen Regale, voll gestopft bis unter die Decke mit dicken Büchern, in denen alles geschrieben steht, was jemals auf der Erde und im Himmel entdeckt, erforscht oder passiert ist. Ein Saal in der Bibliothek gefällt Uli besonders gut. In ihm sind alle Wände mit Spiegeln ausgekleidet. Uli kann sich hier von hinten und vorne und von allen Seiten gleichzeitig anschauen. Das sieht sehr lustig aus, und deshalb muss Uli immer gleich loslachen, sobald er den Spiegelsaal betritt. Kaum breitet sich ein klitzekleines Engelslächeln auf seinem Gesicht aus, wirft es ein Spiegel dem anderen zu, und aus dem klitzekleinen Lächeln wird ein Glänzen und aus dem Glänzen ein Strahlen, und gleich wird es so hell im Saal, als hätte jemand tausend Lichter eingeschaltet. Das gefällt Uli sehr.

Ihm gefallen auch die Bücher, die hier auf goldenen Tischen aufgeschlagen liegen. Es sind 66 Bücher und sie enthalten alle Geschichten von Gott. Uli findet sie so spannend wie Abenteuerromane. Und deshalb kommt er jeden Tag in den Spiegelsaal und liest und liest und liest. Beinahe kennt er die 66 Bücher auswendig.

Auswendiglernen ist für Engel nicht schwer, denn Engel haben ein supergutes Gedächtnis. Sie vergessen nie, was sie einmal gelernt haben. Auch das ist sehr praktisch. Denn weil Engel nichts vergessen, brauchen sie auch nicht zur Schule zu gehen. Sie besuchen nur ein paarmal die Himmelsbibliothek, lesen nach, was sie wissen möchten, und schwups, ist alles Wissen in ihrem Kopf und geht nie wieder verloren. Leider vergessen Engel aber auch nicht die Dinge, über die sie traurig sind. Uli zum Beispiel ist traurig darüber, dass er keinen Geburtstag hat. Monatelang hat er in der Himmelsbibliothek herumgekramt und alles herausgesucht, was er über Geburtstage erfahren konnte. Er hat viele tausend Menschengeschichten gelesen und jede begann mit einem Geburtstag.

Stapel von Büchern schleppt Uli zu seinem Leseplatz. Er baut damit einen richtigen Berg um sich herum. Nur noch sein silbernes Engelshaar schaut oben heraus.

Gerade blättert er in der Menschengeschichte von zwei Geschwistern. Conni und Tim heißen sie. Ihre Geschichte ist noch nicht sehr lang, denn die beiden leben erst ein paar Jahre auf der Welt. Und deshalb ist das Buch in Ulis Hand noch ziemlich dünn. Trotzdem findet Uli es riesig spannend, besonders natürlich wegen der Geburtstage. Conni hat schon 11-mal Geburtstag gefeiert und Tim 8-mal. Das bedeutet, dass Conni 11 Jahre alt ist und ihr Bruder Tim 8. Für einen Engel ist das kaum länger als ein Augenblick. Aber für die Menschenkinder ist das eine ordentlich lange Zeit, in der sie schon eine Menge erlebt haben. Gerade liest Uli, wie die beiden von der Schule nach Hause zotteln. Sie beeilen sich kein bisschen, obwohl die Mutter schon mit dem Mittagessen wartet. Aber die beiden denken überhaupt nicht an Essen. Conni und Tim streiten sich nämlich. Und wenn einer streitet, dann vergisst er alles andere drumherum. Warum streiten sich denn die Menschenkinder, denkt Uli und seufzt laut hinter seinem Bücherberg auf.

»Still«, flüstert der Bibliotheksengel Rafael.

Der Bibliotheksengel passt auf alle Bücher auf, kennt jedes mit Namen und weiß, in welchem Regal welches zu finden ist. Und er passt auf, dass es in der Bibliothek leise zugeht, damit niemand beim Lesen gestört wird. Deshalb schwebt er nun lautlos wie eine Feder zu Uli und schaut über den Bücherberg zu ihm herunter.

»Was liest du denn, das dich so aufregt?«, flüstert er.

Uli antwortet nicht. Er ist so vertieft, dass er den Bibliotheksengel überhaupt nicht bemerkt.

»Kann ich dir helfen?«, versucht es Rafael, der Bibliotheksengel, noch einmal.

Erstaunt hebt Uli den Kopf.

»Ach ja, ich möchte gerne etwas über Geburtstage erfahren«, bittet er.

»Was weißt du denn schon?«, fragt der Bibliotheksengel.

»Dass jeder Mensch einen besonderen Tag hat, an dem sein Leben begann. Das ist sein Geburtstag. Und stell dir vor, seine Eltern, seine Verwandten und Freunde ... alle freuen sich, dass er auf die Welt gekommen ist.«

»Aber das ist doch schön«, lächelt Rafael.

»Natürlich ist das schön«, regt Uli sich auf und wird gleich ein bisschen lauter.

»Pst«, wispert Rafael und legt einen Finger auf seine Lippen.

Natürlich ist Uli gleich wieder leise, denn Engel sind sehr rücksichtsvoll. Trotzdem muss er Rafael unbedingt erklären, wie sehr ihn die Sache mit den Geburtstagen wundert.

»Ich habe herausgefunden«, flüstert er geheimnisvoll, »dass die Menschen ihren Geburtstag nicht nur einmal feiern, sondern ... sie feiern jedes Jahr genau den selben Tag wieder, und zwar so lange, bis der Mensch von der Erde geht. Sie zünden Kerzen an und backen Kuchen und laden Gäste ein, und sie beschenken den, der Geburtstag hat, mit den aller-schönsten Dingen.«

Rafael legt wieder seinen Finger auf die Lippen. Doch er lä-chelt auch jetzt.

»Da hast du eine Menge herausgefunden«, sagt er.

»Ja«, stimmt Uli zu, »nur verstehe ich immer noch nicht, warum sie jedes Jahr von neuem Geburtstag feiern.«

»Weil Feiern Freude macht«, lacht Rafael.

»Aber warum immer an diesem einen bestimmten Tag? Wenn sich einer darüber freut, dass ein Kind auf die Welt ge-kommen ist, dann kann er das doch jeden Tag tun und nicht nur einmal im Jahr, oder?«

»Eltern, die ihre Kinder lieb haben, freuen sich jeden Tag über ihr Kind. Aber diesen besonderen Tag, den Geburtstag, den feiern sie zur Erinnerung«, erklärt Rafael.

Da wundert Uli sich noch mehr.

»Menschen müssen sich also erinnern? Vergessen sie denn so schnell, worüber sie sich freuen können?«

»Manchmal schon«, seufzt Rafael, »und deswegen sind Er-innerungstage ganz wichtig für sie.«

Schade, dass niemand im Himmel einen Erinnerungstag braucht. Dann könnte sich nämlich jemand daran erinnern, dass es Uli gibt und für ihn ein Fest feiern, oder noch besser: Alle könnten sich daran erinnern, dass es Gott gibt. Gott ist nämlich groß und herrlich und wunderbar und voll Licht und Freude, wie Uli es sich gar nicht ausdenken kann. Aber natür-lich braucht niemand die Engel daran zu erinnern. Sie haben Gott ja alle Zeit direkt vor ihren Engelnasen. Und deshalb fei-ern sie ihn auch alle Zeit.

Ob die Menschen das auch tun?

Ach was, das können sie ja gar nicht, wenn sie so vergess-lich sind. Manchmal vergessen sie Gott und den Himmel so-gar ganz und gar. Und dieser Gedanke macht Uli so traurig, dass tatsächlich eine silberne Engelträne auf einen Buchde-ckel pitscht.

Der Bibliotheksengel, der sonst immer sehr darauf achtet, dass jedes Buch gut behandelt wird, dass keiner ein Eselsohr in eine Seite knickt oder es mit schmutzigen Fingern umblättert, der aufpasst, dass seine Bücher nicht verstauben oder Engelstränenflecken bekommen, schimpft diesmal nicht.

»Sei nicht traurig, Uli«, tröstet er, »Gott hat sich alles prima ausgedacht. Damit die Menschen ihn nicht vergessen, ist er sogar zu ihnen auf die Welt gekommen.«

»Wirklich?«, staunt Uli und wischt sich rasch über die Augen.

»Natürlich. Geh mal in den Spiegelsaal und lies in den 66 Büchern. Dort steht die Geschichte. Kennst du sie denn nicht?«

»Meinst du etwa ...«, stottert Uli.

Rafael nickt und sofort möchte Uli lossausen. Aber Rafael hält ihn am Ärmel fest.

»Halt«, lacht er, »hier geblieben, oder soll ich die vielen Bücher, die du hier aufgestapelt hast, alleine wegstellen?«

Nein, das soll Rafael natürlich nicht. Ist doch klar, dass Uli rasch selber aufräumt. Sorgfältig sortiert er alle Bücher in die Regale, aus denen er sie hervorgezogen hat. Nur eines behält er zurück, die Menschengeschichte von Conni und Tim. Uli ist natürlich neugierig, wie sie weitergeht. Er möchte zu gerne wissen, warum Conni und Tim miteinander zanken. Ob ihr Streit auch etwas mit Geburtstagen zu tun hat? Und ob sie sich wohl wieder vertragen?

Aber bevor Uli das erfährt, muss er erst fertig aufräumen und dann nichts wie ab in den Spiegelsaal. Denn auf die Geschichte, wie Gott zu den Menschen kommt, ist er besonders gespannt.

2. Dezember
Geburtstagskerzen im Advent

Der Engel Uli rennt in den Spiegelsaal der Himmelsbibliothek. Hier nämlich wird er in einem der 66 Spiegelsaalbücher die Geschichte finden, wie Gott zu den Menschen gekommen ist. Uli weiß auch genau, in welchem, denn natürlich hat er alle 66 Bücher schon ein paarmal gelesen. Trotzdem findet er sie immer noch spannend. Die Geschichte, wie Gott zu den Menschen kommt, steht in dem Buch, das ein Herr Lukas geschrieben hat. Aufgeregt schlägt Uli es auf. Doch da plötzlich poltert direkt neben ihm etwas auf den Boden. Es ist das Menschengeschichtenbuch von Conni und Tim. An das hat Uli gar nicht mehr gedacht. Er hatte es unter seinen Engelarm geklemmt und als er das Buch vom Herrn Lukas aufklappte, war das Menschengeschichtenbuch unter seinem Ellenbogen hervorgerutscht und heruntergefallen. Nun liegt ein Buch auf dem Boden und eines auf dem Tisch. Beide will Uli unbedingt lesen. Aber nun weiß er nicht, mit welchem er anfangen soll. Unschlüssig wandert sein Blick von einem zum anderen. Doch bevor Uli sich entscheiden kann, rauscht der Bibliotheksengel Rafael herein. Er hat das Poltern gehört.

»Was ist denn hier für ein Lärm«, schimpft er, »in einer Bibliothek soll es doch ruhig und leise zugehen.«

Der Engel Uli bringt vor lauter Verlegenheit kein Wort heraus. Er schämt sich ganz fürchterlich. Und weil er nicht gleich wieder Krach machen will, wagt er sich nicht von der Stelle. Stocksteif und mit gesenktem Kopf steht er da. Das sieht so putzig aus, dass Rafael nicht länger ärgerlich sein kann.

»Nun rühr dich schon«, schmunzelt er, »und heb dein Buch vom Boden auf. Was ist das überhaupt für eins?«

»Es ist eine Menschengeschichte. Du weißt doch, Rafael, ich möchte etwas über Geburtstage erfahren. Und da habe ich die Geschichte von Conni und Tim entdeckt. Aber gerade streiten die beiden und ich wüsste zu gerne, weshalb. Aber ich wollte auch die Geschichte lesen, wie Gott zu den Menschen kommt. Und nun weiß ich nicht, mit welcher ich beginnen soll, und nun ... und nun ...«

»Und nun möchtest du, dass ich dir helfe?«, fragt Rafael.

»Ja, bitte«, ruft Uli. Und diesmal schimpft Rafael nicht, obwohl Uli ganz laut gerufen hat. Aber außer Rafael und Uli ist niemand sonst im Spiegelsaal, und deshalb stört es auch niemanden, wenn Uli vor lauter Aufregung ein bisschen laut wird.

»Also gut«, nickt Rafael.

Er tritt neben Uli, der inzwischen das Menschengeschichtenbuch aufgehoben und neben das Lukas-Buch auf den Tisch gelegt hat. Rafael klappt nun beide Bücher auf, blättert ein bisschen hin und her, fährt mit seinen Engelfingern die Seiten hinauf und hinunter und lässt sie schließlich an einer bestimmten Stelle liegen.

»Aha«, sagt er.

Was heißt hier »aha«, denkt Uli, aber er wagt nicht zu fragen, denn Rafael macht ein sehr ernstes Gesicht. Still wartet er, bis der Bibliotheksengel zu reden beginnt.

»Jetzt weiß ich, wie du es machst: Am besten, du liest beide Geschichten auf einmal«, sagt Rafael schließlich.

»Wie geht das denn«, wundert sich Uli.

»Ganz einfach«, lacht Rafael, »hier, sieh mal.«

Er tippt in dem Menschenbuch genau auf die Stelle, wo Uli mit Lesen aufgehört hat.

»Die Menschengeschichte und die Geschichte, wie Gott zu den Menschen kam, stehen nämlich zusammen hier drin.«

»Aber Rafael, Conni und Tim streiten sich, und das hat doch nichts damit zu tun, wie Gott zu den Menschen kam. Und außerdem wollte ich etwas über Geburtstage erfahren.«

»Das wirst du auch«, lacht Rafael, rückt das Menschengeschichtenbuch direkt vor Ulis Engelnase und schwebt dann ohne ein weiteres Wort aus dem Spiegelsaal hinaus.

Sofort beugt Uli sich über die Conni- und- Tim-Geschichte. Aber was er nun liest, gefällt ihm überhaupt nicht.

Tim und Conni streiten nämlich immer noch. Tim hat vor Zorn ein ganz rotes Gesicht. Aber seine Schwester Conni kichert: »Geburtstagskerzen im Advent, was ist das denn für ein Quatsch.«

»Gar kein Quatsch«, schreit Tim.

Aber erklären kann er es auch nicht. Er weiß nur, dass heute die Adventszeit beginnt. Advent ist die Zeit vor Weihnachten, und Weihnachten hat irgendetwas mit Licht zu tun. Das jedenfalls hat Mama gesagt. Und weil das so ist, deswegen hat sie versprochen, heute Nachmittag mit den Kindern Kerzen zu basteln, Geburtstagskerzen. Und darüber könnte Conni sich kaputtlachen. Meine Güte, Mama hat manchmal wirklich komische Ideen. Aber zu Hause wird Tim Mama fragen, und dann wird Conni schon sehen, dass Geburtstagskerzen im Advent kein Quatsch sind. Wenn sie bis dahin nur nicht so gemein grinsen würde. Tim möchte ihr am liebsten auf ihren frechen Mund hauen. Aber Conni ist viel größer und schneller als er. Flink wie ein Eichhörnchen schlüpft sie zwischen zwei Müllcontainern hindurch. Tim zwängt sich natürlich hinterher. Und sofort beginnt eine wilde Hetzjagd. Kein Wunder, dass die beiden das Mittagessen vergessen. Mama wartet schon lange auf sie. Als Tim und Conni endlich zu Hause eintreffen, schimpft sie.

»Wo bleibt ihr denn so lange? Habt ihr nicht daran gedacht, dass ich mir Sorgen mache, wenn ihr nicht gleich von der Schule nach Hause kommt?«

Nein, das haben die Kinder nicht überlegt. Tim hat nur an die dummen Kerzen gedacht. Und deshalb platzt er auch gleich heraus: »Mama, was bedeuten eigentlich Geburtstagskerzen im Advent?«

»Seid ihr deswegen so spät?«, fragt Mama.

»Ja, weil Conni mich nämlich ausgelacht hat und das soll sie nicht. Aber ich wusste doch auch nicht ... Und da hat Conni noch mehr gelacht und da hätte ich ihr am liebsten eine runtergehauen. Aber Conni ist so schnell und ich habe sie nicht gekriegt.«

»Da bin ich aber froh, dass du sie nicht erwischt hast«, seufzt Mama, »weißt du, Tim, wenn man etwas nicht erklären kann, dann muss man nicht gleich hauen.«

»Siehst du«, kichert Conni.

Aber da dreht Mama sich zu ihr um.

»Und keiner soll über Dinge lachen, die er nicht versteht.«

»Aber Mama, Geburtstagskerzen im Advent sind doch nun wirklich Quatsch«, schmollt Conni.

»Nein, sind sie nicht«, erklärt Mama, »nun setzt euch mal und während wir Mittag essen, werde ich euch vom Weihnachtsgeburtstag erzählen.«

Rasch decken die Kinder den Tisch und setzen sich mucksmäuschenstill auf ihre Plätze. Sie sind sehr gespannt. Und Mama lässt sie auch nicht lange warten. Sie holt nur noch den großen Suppentopf und stellt ihn mitten auf den Tisch. Und während sie die Teller füllt, beginnt sie: »Also, Weihnachten feiern wir, weil Weihnachten ein Geburtstag ist. Und wenn jemand Geburtstag hat, dann zünden wir Kerzen an. Das ist doch klar, nicht wahr?«

»Klar«, nickt Tim.

Aber Conni ist noch nicht zufrieden. »Wer hat denn Geburtstag«, will sie wissen.

»Jemand, der vom Himmel auf die Welt gekommen ist«, sagt Mama und zwinkert geheimnisvoll mit den Augen.

»Ein Astronaut«, kichert Conni. Aber Mama schüttelt den Kopf.

»Nein, denn Astronauten kommen ja eigentlich nicht vom Himmel, sondern von der Erde. Sie fliegen nur ein bisschen im Himmel herum und schauen sich das Weltall und die Planeten an.«

»Dann eben ein Engel«, kräht Tim. Aber Conni kichert schon wieder.

»Unsinn, Engel gibt's doch gar nicht«, prustet sie los. Dass Brüder aber auch so dumm sind. Aber Mama findet Tim überhaupt nicht dumm.

»Doch«, nickt sie, »natürlich gibt es Engel. Einer war sogar einmal auf der Erde. Sein Name war Gabriel. Und mit dem Engel Gabriel fing Advent an.«

»Siehst du«, fällt Tim Mama ins Wort, »siehst du, Conni, es gibt nämlich Engel und sogar Geburtstagskerzen im Advent.«

»Und die basteln wir heute?«, fragt Conni.

»Sicher«, verspricht Mama, »räumt schnell die Teller in die Spülmaschine, dann zeige ich euch, wie es geht.«

Uli, der Engel, freut sich, denn nun streiten Conni und Tim nicht mehr.

 *Nun basteln sie zusammen mit Mama Weihnachts-Geburtstags-Kerzen.*
Ich verrate dir gerne, wie es geht:
Du brauchst ein Marmeladenglas, einen Baumwollfaden, eine Wäscheklammer, ein Handtuch,
eine leere Konservendose, eine Menge bunter Kerzenreste, ein bisschen Geduld und die Hilfe eines Erwachsenen.

Klemme den Baumwollfaden zwischen die Wäscheklammer und lege die Klammer so auf die Öffnung des Marmeladenglases, dass der Faden kerzengerade bis auf den Glasboden herunterhängt. Nun füllst du deine Kerzenreste in die Konservendose und stellst die Dose in einem Wasserbad auf den Herd. Lass dir dabei von einem Erwachsenen helfen. Wenn das Wachs geschmolzen ist, fülle es in das Marmeladenglas. Hübsch sieht es aus, wenn du verschiedene Wachsschichten in unterschiedlichen Farben in das Glas füllst. Das Wachs muss dann je nach Farbe nacheinander geschmolzen werden. Wenn das Marmeladenglas bis zum Rand gefüllt ist, stelle es an einen kühlen Ort, der nicht zu kalt sein darf, damit es nicht platzt. Ist das Wachs schließlich fest geworden, wickel das Glas in ein Handtuch und schlage es kaputt. Wenn du das Handtuch nun vorsichtig auseinander faltest, hast du eine Menge Glasscherben, aber auch eine hübsche bunte Kerze. Du brauchst nur noch die Wäscheklammer von dem Baumwollfaden entfernen. Der Faden ist der Docht, an dem du die Kerze anzünden kannst.

Am besten ist es, wenn du vier solcher Kerzen herstellst. Wozu du sie brauchst, sage ich dir noch.

3. Dezember
Warum die Menschen
im Advent
Lichter anzünden

Conni und Tim haben wunderschöne Kerzen hergestellt.

Uli, der Engel, hätte gerne ein bisschen mitgebastelt. Aber Uli ist viel zu weit weg. Er wohnt im Himmel und die Menschen auf der Erde. Uli würde die Erde und die Menschen gerne einmal besuchen. Ob er wohl zu ihnen darf? Vielleicht so, wie der Engel Gabriel? Gabriel war schon einmal bei den Menschen. Das jedenfalls hat die Menschenmama ihren Kindern Conni und Tim erzählt: »Gott schickte einen Engel auf die Erde. Sein Name war Gabriel. Und mit ihm fing Advent an.«

»Gabriel?«, überlegt Uli, »den kenne ich doch.« Und weil Engel niemals etwas vergessen, erinnert er sich sofort, dass über Gabriel etwas in dem Lukasbuch geschrieben steht, und zwar gleich am Anfang. Ob die Menschenmama auch ein Lukasbuch besitzt? Und ob sie aus diesem Buch von Gabriel weiß? Uli jedenfalls muss selber gleich mal im Buch vom Herrn Lukas nachlesen.

Nachdenklich schiebt er das Menschenbuch mit der Geschichte von Conni und Tim zur Seite und zieht das Lukasbuch näher zu sich. Tatsächlich, da steht es ja:

»Der Engel Gabriel wurde von Gott in die Stadt Nazareth geschickt zu einer jungen Frau, die hieß Maria.«

Da hat Maria bestimmt Augen gemacht, als plötzlich ein Engel vor ihr stand. Am liebsten würde Uli sich die Geschichte von Gabriel selber erzählen lassen. Aber wer weiß, wo Gabriel gerade steckt. Der Himmel ist riesig groß. Wo soll Uli da nach ihm suchen? Er könnte natürlich Rafael, den Bibliotheksengel, fragen. Rafael weiß über alle Engel Bescheid, denn mindestens einmal am Tag kommt jeder Engel in die Bibliothek, um Geschichten über Gott zu studieren. Vielleicht war Gabriel heute schon da.

Uli klappt sein Menschengeschichtenbuch zu und schiebt es in eine der vielen Taschen, die auf sein Engelskleid genäht sind. Er wird es später weiterlesen. Jetzt muss er erst einmal Gabriel suchen.

Rafael sitzt hinter seinem großen, goldenen Schreibtisch und sortiert Bücher.

»Entschuldigung, ich würde gern wissen ...«, fragt Uli.

Erschrocken hebt Rafael seinen Kopf.

»Ach, Uli, du«, flüstert er, »was willst du denn nun schon wieder wissen?«

»Es tut mir Leid, wenn ich dich gestört habe«, entschuldigt sich Uli, »aber ich suche Gabriel, du weißt schon, der, der bei den Menschen war.«

»Die Menschen scheinen dich ja mächtig zu interessieren«, schmunzelt Rafael. Aber dann nickt er. Er weiß tatsächlich, wo Gabriel zu finden ist.

»Er ist heute früh in die Bibliothek gekommen und gleich in den Lichtersaal gegangen. Wahrscheinlich sitzt er dort noch immer.«

Rafael braucht Uli den Weg zum Lichtersaal nicht erklären. Uli kennt ihn in- und auswendig. Uli liest nämlich auch gerne im Lichtersaal, denn der Lichtersaal ist blau wie ein Frühlingsmorgen und sonnenhell. Hier hat Gabriel es sich in einem großen Ohrensessel gemütlich gemacht. Auf seinen Knien liegt ein dickes, leuchtendes Buch. Leise schleicht Uli heran und setzt sich auf die breite Sessellehne.

»Was liest du da?«, flüstert er, weil er Gabriel nicht erschrecken will.

»Vom Licht natürlich«, antwortet Gabriel.

»Was denn vom Licht«, will Uli wissen.

»Also hör zu«, fordert Gabriel ihn auf und dann liest er mit glockenklarer Stimme:

»Die Menschen wohnten im Dunkeln. Aber Gott schickte ihnen ein helles Licht. Ein Kind ist ihnen geboren und dieses Kind sollte ihr König sein.«

»Das ist aber schön«, staunt Uli. Besonders gefällt ihm, dass ein Kind geboren wurde, denn wenn ein Kind auf die Welt kommt, dann ist Geburtstag. Und über Geburtstage will Uli nun einmal alles wissen. Dieses Kind, von dem Gabriel gerade gelesen hatte, sollte sogar ein König sein. Nur das mit der Dunkelheit und dem Licht, das versteht Uli nicht. Natürlich muss er Gabriel gleich danach fragen.

»Das ist ganz einfach«, erklärt Gabriel, »Dunkelheit bedeutet, dass die Menschen Gott nicht mehr kannten. Sie haben einfach nicht mehr gewusst, wie lieb er sie hat.«

»Das ist aber traurig«, findet Uli. Gabriel nickt.

»Aber Gott hat sich etwas ausgedacht: Er schickte ihnen ein Licht.«

»Ach, hat er eine große Lampe angeschaltet?«, fragt Uli.

»Unsinn, Uli, eine Lampe genügt nicht. Die Menschen müssen Gott wieder kennen lernen.«

»Natürlich«, freut sich Uli.

Übermütig hopst er von der Sessellehne herunter, baut sich vor Gabriel auf und beugt vornehm seinen Kopf bis an seine Fußspitzen.

»Darf ich vorstellen, liebe Menschen«, ruft er und breitet dabei die Arme aus, »darf ich euch mit Gott bekannt machen?«

»Uli, du bist ja ein richtiger Schauspiel-Engel«, lacht Gabriel. Aber dann wird er gleich wieder ernst.

»Nein, so einfach geht es leider nicht.«

Uli seufzt: »Ja, ich weiß. Die Menschen würden Gott bestimmt sowieso gleich wieder vergessen. Rafael hat mir erzählt, wie vergesslich sie sind. Wir Engel haben es da viel leichter, an Gott zu denken, denn wir haben ihn jeden Tag bei uns.«

»Seit Weihnachten haben es die Menschen genauso gut«, erklärt Gabriel.

Weihnachten? Richtig, Uli wollte Gabriel ja nach Weihnachten fragen und danach, wie es bei den Menschen ist, denn Gabriel kennt sich mit den Menschen aus. Schließlich war er schon einmal bei ihnen.

»Halt«, ruft Gabriel, »nicht gleich alles auf einmal. Bitte immer hübsch der Reihe nach. Also, was möchtest du zuerst wissen?«

»Warum haben es die Menschen seit Weihnachten genauso gut wie wir Engel?«, platzt Uli los.

»Weil Gott an Weihnachten den Menschen ganz nahe kommt. Weihnachten hat er seinen Sohn zu ihnen geschickt, damit er ihnen erzählt, wie lieb Gott sie hat.«

Uli staunt. »Wie soll das denn gehen? Stell dir mal vor: Plötzlich taucht Gottes Sohn auf ... zum Beispiel in der Schule. Da geht die Tür auf und Gottes Sohn spaziert herein, gerade, als die Lehrerin die Kinder fragt: Was ist drei mal fünf? Oder beim Einkaufen: Gottes Sohn stellt sich in die Schlange an der Kasse, weil er ein Päckchen Kaugummi kaufen will. Oder im Bus: Der Busfahrer muss plötzlich bremsen und Gottes Sohn rempelt eine alte Oma an. Die würden sich bestimmt fürchterlich vor ihm erschrecken. Nein, ich glaube, wenn Gottes Sohn einfach so mitten in die Welt platzt, würde das überhaupt kein Mensch kapieren.«

»Stimmt, Uli, deswegen ist Gottes Sohn ein Mensch geworden wie andere Menschen auch. Er ist zur Welt gekommen als kleines Baby. Mit Babys kennen sich die Menschen nämlich aus. Und vor ihnen erschrecken sie auch nicht.«

Uli überlegt. Er findet, dass Gott sich das gut ausgedacht hat. Und ihm fällt noch etwas auf: Wenn Gottes Sohn genauso wie die Menschenkinder als winzig kleines Baby auf die Welt kam, dann hat er genauso wie sie einen Geburtstag. Dieser Geburtstag ist Weihnachten. Und weil zu einem Geburtstag Kerzen gehören, deswegen zünden die Menschen Lichter an.

»Das hast du gut verstanden«, lobt Gabriel, »außerdem erinnert jede Kerze daran, dass Gott ein helles Licht in die Welt geschickt hat, nämlich seinen Sohn. Du müsstest mal erleben, wie hell Städte und Stuben der Menschen in der Adventszeit sind. Über die Straßen hängen sie Lichterketten, in die Schaufenster stellen sie bunte Lampen. Und in den Häusern leuchten Kerzen. Vier Wochen vor Weihnachten schmücken die Menschen einen Kranz aus Tannenzweigen.

Adventskranz nennen sie ihn, und jeden Sonntag zünden sie eine Kerze darauf an, bis zu Weihnachten vier Kerzen brennen.«

»Oh, wie schön«, schwärmt Uli, »ob Tim und Conni auch einen Adventskranz haben?«

»Wer sind denn Tim und Conni?«, fragt Gabriel.

Da endlich zieht Uli sein Menschengeschichtenbuch hervor. Rasch klettert er auf die Sessellehne zurück und lässt das Buch in Gabriels Schoß plumpsen. Gespannt beobachtet Uli, wie Gabriel es aufschlägt und ein bisschen darin herumblättert.

»Natürlich«, murmelt Gabriel schließlich, »da steht es ja: Conni und Tim schmücken einen Adventskranz.«

»Wie denn?«, möchte Uli wissen, denn er hat noch nie einen Adventskranz gesehen.

»Adventskränze kann man sehr verschieden gestalten«, erklärt Gabriel, »ich les dir mal vor, wie es Conni und Tim machen, einverstanden?«

Uli hört aufmerksam zu. Er bekommt richtig Lust, auch einen Kranz zu schmücken.
Du vielleicht auch?
Conni und Tim jedenfalls stecken ihre vier selbst gebastelten Kerzen auf den Kranz. Dann holt Conni aus Mamas Gewürzschrank Zimtstangen, umwickelt sie mit Bast und bindet sie auf dem Kranz fest. Inzwischen schneidet Tim eine Apfelsine in Scheiben. Die Scheiben legt er auf die Heizung. Bis morgen sind sie getrocknet. Dann kann er sie mit einem Stück Draht auf dem Adventskranz befestigen.
Nun riecht es ganz lecker in der Adventsstube, nämlich nach Tanne und Kerze und Zimt und Apfelsine.
Schnupper mal kräftig in die Luft. Vielleicht duftet dein Kranz genauso gut wie der von Conni und Tim.

Warum die Boten-Engel immer Ferien haben

Im Lichtersaal der Himmelsbibliothek wird es niemals dunkel. Deshalb heißt er auch Lichtersaal. Und weil es hier immer hell bleibt, merken Uli und Gabriel nicht, wie die Zeit vergeht. Immer noch kuscheln sie sich in dem gemütlichen Ohrensessel zusammen. Gabriel liest aus dem Menschengeschichtenbuch von Conni und Tim vor. Aber jetzt muss er eine Atempause einlegen.

»Mein Mund ist schon ganz fusselig vom vielen Lesen«, stöhnt er.

Doch Uli bettelt: »Bitte, weiter ...«

»Hör mal, Uli, du kannst doch auch selber lesen«, schlägt Gabriel vor. Aber natürlich ist es viel schöner, vorgelesen zu bekommen. Noch schöner wäre es, wenn Uli die Menschengeschichte nicht nur vorgelesen bekäme, sondern sie selber miterleben würde.

»Prima Idee«, findet Gabriel, »da wollen wir mal sehen, was sich machen lässt.«

»Was soll das denn heißen«, wundert sich Uli, »meinst du etwa ...«

»Na klar«, lacht Gabriel, »du brauchst nur auf die Erde fliegen und schwups ...«

»Ich darf auf die Erde?«, fällt Uli ihm ins Wort.

»Warum nicht«, sagt Gabriel. Uli sieht so verblüfft aus, dass Gabriel lachen muss.

»Du wärst nicht der erste Engel, der auf die Erde schwebt.«

Das weiß Uli selber. So dumm ist er nun auch nicht. Er weiß genau, dass eine Menge Engel jeden Tag bei den Menschen arbeiten, zum Beispiel die Aufpasser- und Schutz-Engel. Und dann gibt es natürlich noch die Boten-Engel. Ihre Aufgabe ist es, den Menschen Nachrichten von Gott zu bringen. Aber diese Sorte Engel fliegt schon lange nicht mehr auf die Erde.

»Warum eigentlich nicht?«, fragt Uli.

»Überleg doch mal«, lacht Gabriel und das hört sich an, als würde er sich ein bisschen über Uli lustig machen. Das kann Uli sich natürlich nicht gefallen lassen. Deshalb rauft er sich seine silbernen Engelhaare und zieht an seinem Ohr. Engel ziehen sich immer am Ohr, wenn sie angestrengt nachdenken. Uli fällt auch wirklich etwas ein.

»Weil die Menschen das Fernsehen haben. Darin werden Nachrichten gesendet.«

»Ja, aber leider keine Nachrichten von Gott«, wendet Gabriel ein.

»Die bringt ihnen dann eben der Postbote«, gibt Uli zurück.

Aber Gabriel schüttelt den Kopf. »Nein, Uli, der Postbote verteilt nur die Briefe, die die Menschen selber geschrieben haben.«

»Dann müsste Gott eben auch einen Brief schreiben.«

»Hat er auch«, gibt Gabriel zu, »Gottes Brief an die Menschen sind die 66 Bücher, die du auch in unserer Himmelsbibliothek im Spiegelsaal finden kannst. Die Menschen haben alle 66 Bücher zu einem dicken Buch zusammengebunden. Sie sagen dazu Bibel.«

»Aber wenn die Menschen diesen Brief von Gott haben, dann brauchen sie ja gar keine Nachrichten-Engel mehr.«

»Das ist wahr, Uli. Nun haben die Boten-Engel bis in alle Ewigkeit Ferien.«

»Und woher weißt du das alles so genau?«, wundert sich Uli.

»Erstens, weil ich fleißig in unserer Himmelsbibliothek gelesen habe und zweitens, weil ich selber ein Boten-Engel bin«, erklärt Gabriel.

Richtig, Gabriel war ja auf der Erde. Und wenn er ein Boten-Engel ist, dann hat er bestimmt eine Nachricht überbracht. Und welche, bitte schön?

»Natürlich, dass Gottes Sohn zu den Menschen kommt«, erklärt Gabriel.

»Bist du denn bei allen Menschen gewesen«, wundert sich Uli, »ich dachte, du warst nur in der Stadt Nazareth, bei Maria.«

»War ich auch, zuerst jedenfalls. Neun Monate später besuchte ich noch einmal die Menschen«, erinnert sich Gabriel.

»Das ist ja toll«, ruft Uli und springt mit einem großen Satz aus dem Sessel. Aufgeregt hopst er vor Gabriel hin und her.

»Erzähl mal, Gabriel, wie war es bei Maria? Was hat sie gesagt, als du plötzlich vor ihr gestanden hast? Hat sie dich überhaupt gesehen? Die Schutzengel sind dauernd bei den Menschen. Aber soviel ich weiß, können die Menschen sie nicht sehen. Manche glauben nicht einmal, dass es Schutzengel wirklich gibt ...«

Uli will ganz viel auf einmal wissen. Deshalb versäumt er, Gabriel zu fragen, warum er ein zweites Mal auf der Erde gewesen ist und zu welchen Menschen Gott ihn da geschickt hat. Davon werde ich ihm später erzählen, denkt Gabriel, nun soll Uli erst einmal erfahren, wie es ist, den Menschen zu begegnen. Am besten probiert er es selber aus. Er hat sich ja sowieso gewünscht, einmal auf die Erde zu dürfen und die Menschenkinder Conni und Tim kennen zu lernen. Na gut, Gabriel wird ihm dabei helfen. Langsam erhebt er sich aus dem Ohrensessel.

»Weißt du was, Uli«, schlägt er vor und nimmt Uli an die Hand, »jetzt spazieren wir zwei in das Himmelsreisebüro. Dort buchen wir einen Flug für dich und dann träumst du dich direkt zu Conni und Tim. Das wolltest du doch, nicht wahr?«

»Au ja«, freut sich Uli. Aber bevor sie gehen, will er noch das Menschengeschichtenbuch in seine Engelkleidtasche schieben. Als Gabriel aufgestanden ist, ist es von seinem Schoß gerutscht und leise auf den Boden geplumpst. Dabei hat eine Seite ein kleines Eselsohr bekommen. Owei, wenn das Rafael, der Bibliotheksengel, sieht. Hastig reißt Uli sich von Gabriels Hand los und bückt sich nach dem Buch. Doch Gabriel ist schneller. Ruck zuck hebt er das Buch auf und streicht die geknickte Seite glatt.

»Mach dir keine Sorgen wegen des Eselohrs. Ich werde deshalb mit Rafael sprechen«, tröstet er Uli, und dann verstaut er das Menschengeschichtenbuch in seiner eigenen Engelkleidtasche.

»Ich möchte es gerne behalten«, erklärt er, »du brauchst das Buch jetzt ja nicht mehr. Schließlich wirst du die Geschichte selber miterleben. Und jedes Mal, wenn ich darin lese, werde ich erfahren, wie es dir bei den Menschen ergeht. So kann ich immer bei dir sein.«

Damit ist Uli einverstanden. Und erleichtert ist er noch dazu, denn wer weiß, was alles bei den Menschen passiert. Da ist es schon beruhigend, wenn ein erfahrener Engel alles mitbekommt. Aber nun schnell ins Reisebüro. Plötzlich hat Uli es sehr eilig. Wenn er nämlich herumtrödelt, verpasst er vielleicht noch die Adventszeit, und er möchte doch unbedingt miterleben, wie die Menschen sich auf den Geburtstag von Gottes Sohn vorbereiten.

An diesem Abend warten Conni und Tim ungeduldig auf ihren Papa. Als er endlich von der Arbeit heimkommt, ziehen und zerren sie ihn gleich ins Wohnzimmer. Mama hat nämlich versprochen, aus einem neuen Buch vorzulesen. Aber sie will erst beginnen, wenn die ganze Familie zusammen am Tisch um den Adventskranz herum sitzt. Papa zündet die erste Kerze an. Schön hell und gemütlich wird es in der Stube. Mama schiebt das Buch dichter in den Lichterschein. Und dann beginnt sie zu lesen.

Wenn Uli wüsste, was Mama liest, würde er sich noch mehr beeilen, auf die Erde zu kommen. Denn Mamas Buch handelt von einem Engel, der unbedingt Advent erleben möchte.

Als Mama fertig gelesen hat, holen Conni und Tim ihre Buntstifte und malen einen Engel, so, wie sie ihn sich vorstellen. Dann schneiden sie ihn aus, kleben ihn auf feste Pappe, bohren oben mit einer Nadel ein Loch hinein und ziehen einen Faden hindurch. Nun können sie ihre Engel ins Fenster hängen. Vielleicht sieht Connis Engel aus wie Gabriel und der von Tim wie Uli.

Wenn du magst, kannst du dir auch einen Fensterengel basteln.

1. Dezember

5. Dezember
Wie Uli
auf die Erde kommt

Der Engel Gabriel begleitet Uli ins Himmelsreisebüro. Zuerst betreten sie einen Raum, der so groß und weit ist wie der Sternenhimmel. Er ist auch genauso blau und voller Lichtpunkte, die wie Sterne am Abendhimmel blinkern. An allen vier Wänden führen Türen in Nebenräume. Es sind mindestens so viele Türen, wie Punkte von der Decke leuchten. Staunend betrachtet Uli die vielen Lichter. Zu gerne würde er wissen, was sie bedeuten.

»Was du siehst, ist eine Himmelslandkarte. Jedes Licht ist ein Planet im Weltall«, erklärt Gabriel. Für Uli ist alles fremd und neu, denn er ist ja noch nie verreist und deshalb war er auch noch nie im Himmelsreisebüro.

»Und welcher Planet ist die Erde?«, fragt er, denn er möchte ja nicht irgendwo im Weltall herumreisen. Sein Ziel ist der Planet, auf dem die Menschenkinder Conni und Tim wohnen. Und das ist die Erde.

»Komm mit«, sagt Gabriel und klopft an eine Tür mit der Aufschrift »Welt«. Jemand ruft »herein«. Es ist der Reisebüro-Engel. Er dreht einen riesigen Ball, der die Weltkugel darstellt. Der Ball schimmert blau, wo Wasser ist, grün, wo Wälder und Wiesen wachsen, und braun und grau, wo Berge in die Höhe ragen. Da, wo Menschen wohnen, zeigt die Weltkugel rote Punkte.

»Das sind Städte und Dörfer«, flüstert Gabriel.

»Ja bitte?«, sagt der Reisebüro-Engel und hält die Weltkugel an, »was kann ich für euch tun?«

»Ich möchte gerne zur Erde reisen«, plappert Uli drauflos. Der Reisebüro-Engel wiegt nachdenklich den Kopf.

»Wohin genau, bitte«, fragt er. Aber darüber hat Uli sich noch keine Gedanken gemacht. Er hat geglaubt, wenn er erst einmal auf der Erde ist, wird er Conni und Tim schon finden. Er hat Gabriel ja auch gefunden, als er nach ihm suchte. Nur leider gibt es auf der Erde keinen Bibliotheksengel, den man fragen kann. Doch vielleicht weiß Gabriel einen Rat. Er war schließlich schon einmal bei den Menschen. Vielleicht sollte Uli genau den Ort angeben, an dem auch Gabriel war. Deshalb fragt er ihn auch gleich danach.

»Das Land, in das Gott mich damals schickte, heißt Israel. Es liegt an der östlichsten Grenze vom Mittelmeer«, sagt Gabriel.

Sofort tippt der Weltkugel-Engel auf den Ball, direkt rechts neben einem hübschen blauen Fleck.

»Wohnen dort Conni und Tim?«, fragt Uli.

Der Weltkugel-Engel zuckt mit den Schultern. Auch Gabriel hat keine Ahnung.

»Ich weiß nur, dass Maria in Israel lebte. Ich habe dir doch von ihr erzählt. Maria war die junge Frau, der ich Gottes Nachricht brachte.«

»Ja, ich erinnere mich«, bestätigt der Reisebüro-Engel, »damals schickte ich dich nach Nazareth und später noch einmal nach Bethlehem.«

»Nazareth und Bethlehem?«, ruft Uli. Verwirrt blickt er von einem Engel zum anderen.

»Also pass auf«, sagt Gabriel, »Nazareth und Bethlehem sind Städte. Und Städte sind Orte, in denen die Menschen leben. In Nazareth hat Maria gewohnt. Sie lebte bei ihren Eltern, denn sie war noch nicht verheiratet. Aber sie war verlobt, nämlich mit Josef. Josef war Schreiner. Seine Werkstatt lag ganz in der Nähe. Ihn habe ich auch besucht. Dann haben Josef und Maria Hochzeit gefeiert und nur wenig später mussten sie nach Bethelem ziehen. Da bin ich noch einmal …«

»Ja, ja«, unterbricht ihn der Reisebüro-Engel, »wohin möchtest du denn nun? Nach Nazareth oder nach Bethlehem?«

»Ich möchte zu Conni und Tim«, ruft Uli verzweifelt.

»Und in welcher Stadt wohnen die?«, fragt der Reisebüro-Engel geschäftsmäßig.

»Himmel noch mal, das weiß ich doch nicht.«

»Gut, gut«, sagt der Reisebüro-Engel, »das haben wir gleich. Nun verrate mir erst einmal, warum du überhaupt auf die Erde willst. Hat Gott einen Auftrag für dich? Das hat er mir überhaupt nicht mitgeteilt.«

»Aber ich wusste doch nicht ...«, stottert Uli. Dass es so schwierig werden würde, hat er nicht gedacht. Doch der Reisebüro-Engel wiegt nur wieder nachdenklich seinen Kopf hin und her.

»Gut, gut«, sagt er noch einmal, »das haben wir gleich.« Und dann tastet er zwischen den Falten seines Engelkleides, greift in eine seiner vielen Taschen und zieht ein winzigkleines Telefon hervor. Vor den Ohren von Gabriel und Uli telefoniert er mit Gott. Zuerst erzählt er von Ulis Wunsch, auf die Erde zu reisen. Dann hört er still zu. Dabei wird sein Gesicht immer heller und strahlender. Schließlich sagt er »Danke schön und auf Wiederhören« und lässt das Telefon zurück in seine Engelkleidtasche gleiten. »Wie gut, dass Gott immer zu sprechen ist«, seufzt er erleichtert.

Uli und Gabriel sind gespannt, was Gott gesagt hat.

»Gott hat schon Bescheid gewusst«, erklärt der Reisebüro-Engel, »und er erlaubt dir, auf die Erde zu reisen. Aber dass du keine Dummheiten machst.«

Uli nickt eifrig. »Und hat Gott für mich einen Auftrag? Darf ich auch ein Boten-Engel sein, genauso wie Gabriel?«

»Aber Uli«, tadelt ihn Gabriel, »ich habe es dir doch erklärt. Die Menschen brauchen keine Boten-Engel mehr, denn sie haben nun Gottes Brief, die Bibel.«

»Richtig«, nickt der Reisebüro-Engel, »trotzdem sollst du nicht umsonst auf die Erde reisen. Gott möchte, dass Conni und Tim verstehen, was Advent und Weihnachten bedeutet. Möchtest du ihnen dabei helfen?«

»Klar«, jubelt Uli, »aber wie komme ich denn nun endlich zu ihnen?«

»Im Schlaf«, sagt der Reisebüro-Engel, »denn Engel brauchen kein Flugzeug, kein Auto, kein Schiff und keine Eisenbahn. Komm, ich zeige dir, wie es geht.«

Er führt Uli in ein weiteres Zimmer, das sich direkt an das Zimmer mit der blau-grün-braun-leuchtenden Weltkugel mit den hübschen roten Punken anschließt. In diesem Zimmer steht ein Bett so groß wie ein Schiff, mit Kissen und Decken so weich und flauschig wie Wolken. Normalerweise brauchen Engel keine Betten, denn Engel schlafen nie. Im Himmel wird nämlich niemand müde. Aber jetzt hopst Uli aufgeregt mitten hinein. Wohlig wühlt er sich in die Kissen.

Gleich werde ich Conni und Tim kennen lernen und einen richtigen Adventskranz, denkt er. Gerade will er sich ausmalen, wie der Kranz duftet und leuchtet. Doch so weit kann er gar nicht mehr denken. Er ist schon eingeschlafen.

Als Uli erwacht, ist alles anders, als er es sich gedacht hat. Er ist zwar genau in der Stadt angekommen, in der Conni und Tim wohnen. Doch die Stadt liegt nicht in Israel, sondern in Deutschland. Macht nichts, denkt Uli, Hauptsache: Dies hier ist die richtige Straße und das richtige Haus. Aber komisch kommt es ihm schon vor, denn der Raum, in dem er sich nun umschaut, ist keine freundliche Adventsstube, sondern muffig, duster und ziemlich niedrig. An den Wänden stehen Regale und in den Regalen lagern Konserven und Flaschen und Eingekochtes. »Wahrscheinlich bin ich in einem Keller«, überlegt Uli. Er war noch nie in einem Keller, denn Keller gibt es im Himmel nicht. Engel brauchen nämlich keine Keller und keine Speisekammern und auch keine Kühlschränke, weil sie keine Vorräte lagern. Im Himmel ist nämlich nie jemand hungrig. Wenn Engel trotzdem einmal essen wollen, einfach so, weil sie plötzlich Lust auf etwas Leckeres bekommen, dann bitten sie Gott und der deckt ihnen einen festlichen Tisch.

Aber hier, in diesem ungemütlichen Raum, gibt es keine festlichen Tische. Hier gibt es nicht einmal richtiges Licht. Nur durch ein vergittertes Fensterchen fällt trübe der Schein einer Straßenlaterne. Also ist es schon Abend. Vielleicht zünden die Kinder gerade jetzt eine Kerze am Adventskranz an. Betrübt kriecht Uli in die Kartoffelkiste. Ganz still liegt er da und wartet. Aber nichts passiert. Hat der Reisebüro-Engel sich etwa geirrt? Nein, bestimmt nicht, denn er hat ja Gott gefragt. Und Gott irrt sich nie.

Deshalb wartet Uli einfach weiter ab. Eine lange Zeit vergeht. Uli fängt schon an sich zu langweilen. Da plötzlich hört er Kinderstimmen.

»Endlich«, seufzt er, hält sich aber gleich den Mund zu. Denn gerade springt die Tür auf und zwei Kinder stürzen in den Raum. Der Junge ist blond und etwa so groß wie Uli. Er trägt eine gestreifte Hose und ein Hemd aus dem gleichen Stoff.

»Aha, ein Schlafanzug«, stellt Uli fest, denn er weiß schon einiges über Menschen aus den Menschengeschichtenbüchern, die er in der Himmelsbibliothek gelesen hat. Aber dass Kinder in Kellern schlafen, das hat in keinem Buch gestanden. Merkwürdig. Und merkwürdig findet er auch, dass der Junge eine große, strubbige Bürste in der Hand hält. Sicher, Menschenkinder putzen sich vor dem Schlafengehen die Zähne. Aber eine Zahnbürste hat Uli sich anders vorgestellt. Hinter dem Jungen hopst ein Mädchen her. Sie ist mindestens einen Kopf größer als ihr Bruder. Ihre braunen Haare hat sie zu einem Pferdeschwanz zusammengebunden, der ihr fröhlich über den Rücken baumelt. Sie trägt ein Kleid, das bis auf den Boden reicht und das genauso weit und luftig ist wie das von Uli. Die Menschen sagen dazu »Nachthemd« und meistens tragen nur Mädchen oder Frauen so ein Engelsgewand.

»Das sind bestimmt Tim und Conni«, vermutet Uli. Aber was machen sie denn da? Jetzt reißt Conni an Tims Schlafanzug. Mit der freien Hand langt sie nach seiner Bürste. Tim kreischt und quiekt und windet sich aus Connis Klammergriff. Schwups, duckt er sich unter ihrem Arm hindurch und schießt wie eine Rakete zur Tür hinaus und hinein in den langen Kellerflur. Conni natürlich hinterher. Rasch erhebt Uli sich aus der Kartoffelkiste. Nur keinen Laut, nimmt er sich vor. Er will die Kinder ja nicht erschrecken. Aber er will auch nichts verpassen. Damit keine Tür klappt, schwebt er einfach durch die Wand. Engel können das sehr gut, denn sie haben keinen Körper aus Knochen und Haut und Fleisch und Blut wie die Menschen. Engel sind nämlich gute Geister, und weil das so ist, können sie es auch einrichten, dass die Menschen sie nicht sehen. Deshalb bemerken Conni und Tim Uli nicht, obwohl er jetzt direkt neben ihnen auftaucht.

Aber was machen die Menschenkinder denn da? Nun versteht Uli überhaupt nichts mehr. Conni hat es geschafft, ihrem Bruder die strubbige Bürste zu entreißen. Und dann stürzt sie sich auf einen kleinen Schrank voller Schuhe, zerrt ein paar dicke Winterstiefel hervor, die gerade so groß sind, dass ihre Füße hineinpassen, und beginnt sie mit der struppigen Bürste zu bearbeiten.

»Du musst erst noch Schuhcreme draufschmieren«, schreit Tim, wühlt nun selber nach einem Paar Stiefel, die wahrscheinlich zu seinen Füßen gehören, klemmt sie sich unter seine Schlafanzugarme und springt die Kellertreppe hinauf. Oben wartet Mama mit Lappen, Bürsten und Creme. Sie sieht ein bisschen ärgerlich aus, weil Tims Schlafanzug schmutzig geworden ist.

»Wenn wir fertig sind, ziehst du einen neuen an«, befiehlt sie. Aber dann beugt sie sich zu Tim herunter und zeigt ihm, wie man Schuhe putzt. Conni, die auch längst oben angelangt ist, macht es ihr sofort nach.

»Wenn das so ist«, überlegt Uli, rauft sich sein silbernes Engelhaar und zieht sich am Ohr, »ist die Bürste also nicht für Zähne, sondern für Schuhe da. Und Menschenkinder scheinen auch nicht in Kellern zu schlafen, jedenfalls nicht am 5. Dezember. Am 5. Dezember werden Schuhe geputzt. Aber warum bloß?«

Ohne dass sie es weiß, gibt Conni dem Engel die Antwort.

»Meine Stiefel werden besonders glänzen«, gibt sie an, »denn der Nikolaus soll bestimmt etwas hineinstecken.«

Wie bitte, der Nikolaus? Wer ist denn das nun schon wieder? Uli weiß nicht, dass am 6. Dezember Nikolaustag ist.

Wer richtig den Nikolaustag beginnen will, der stellt am Abend vorher seine blank geputzten Schuhe vor die Tür. Vielleicht kommt dann in der Nacht der Nikolaus und füllt die Schuhe mit Süßigkeiten und kleinen Geschenken. Conni und Tim wissen das natürlich genau. Und du sicher auch.

6. Dezember

Wer ist eigentlich der Nikolaus?

Draußen ist es noch dunkel. Aber Conni und Tim sind längst wach. Ob der Nikolaus schon da gewesen ist? Tim hätte am liebsten im Flur neben den Stiefeln übernachtet. Aber das hat Mama nicht erlaubt. »Willst du dich etwa erkälten?«, hat sie gefragt. Tim hätte ja seine Bettdecke holen und sich darin einkuscheln können. Aber diese Idee gefiel Mama auch nicht. »Du kannst ja morgen ganz früh nachschauen. Vielleicht erwischt du dann noch den Nikolaus«, hat sie vorgeschlagen und dabei ganz verschmitzt gelacht. Da hat Tim sich vorgenommen, zwar ins Bett zu klettern, aber die ganze Nacht kein Auge zu schließen. Leider ist ihm das nicht gelungen. Irgendwann ist er doch eingeschlafen und nun ist die Nacht vorüber. Conni zerrt an seiner Decke. »Los, aufstehen«, kommandiert sie. Aber sie wartet nicht auf ihren Bruder, sondern dreht sich gleich um und rennt aus dem Zimmer. Logisch, dass sie es eilig hat. Sie will nachsehen, ob etwas in ihren Stiefeln steckt. Barfuß tappt Tim hinter ihr her. Und da stehen sie: Connis und Tims blank geputzte Schuhe, gefüllt mit bunten Päckchen, Lebkuchen, Nüssen und Mandarinen. Und mittendrin steckt für jedes Kind ein großer Schokoladennikolaus.

Uli, der Engel, war natürlich längst vor den Kindern bei den Schuhen. Er hat nicht geschlafen, denn Engel werden nicht müde. Uli ist sehr froh darüber, denn er wollte genauso wie Tim unbedingt den Nikolaus treffen. Deshalb hat er sich am Abend direkt neben die Haustür gehockt. Ihm konnte die Menschenmama das nicht verbieten, denn erstens weiß sie ja nichts von ihm und zweitens können Engel sich nicht erkälten, weil sie niemals frieren. So hat Uli also stundenlang gewartet. Doch als der

Nikolaus nicht kam, hat er ein bisschen vor sich hingeträumt. Beim Träumen müssen Engel vorsichtig sein, denn dann gehen sie auf Reisen. Wenn ein Engel träumt, ist es gerade so, als wenn die Menschen in ein Auto oder die Bahn oder in ein Flugzeug steigen. Uli will aber auf gar keinen Fall verreisen. Er ist ja gerade erst auf der Erde angekommen. Und ein Weilchen will er schon noch bleiben. Mindestens jedenfalls bis Weihnachten. Und bis dahin dauert es noch 19 Tage. In diesen 19 Tagen muss Uli noch eine Menge lernen. Zuerst einmal möchte er wissen, wer nun eigentlich dieser Nikolaus ist. Die Schokoladennikoläuse in den Kinderstiefeln gefallen ihm jedenfalls sehr. Sie tragen einen weißen langen Bart, einen roten Mantel und eine witzige Zipfelmütze. So etwas hat Uli vorher noch nie gesehen. Und nun hat er durch seine dumme Träumerei den richtigen Nikolaus verpasst. Uli hätte gern gesehen, wie er überhaupt ins Haus gekommen ist. Ob er wohl einen Haustürschlüssel hat? Aber dann müsste er ein riesengroßes Schlüsselbund mit sich herumschleppen, denn Conni und Tim sind bestimmt nicht die einzigen Kinder, denen der Nikolaus etwas in die Schuhe steckt. Vielleicht schwebt der Nikolaus genauso durch Wände und verschlossene Türen wie die Engel. Schweben ist so leise, dass kein Mensch davon wach wird. Selbst Uli hat den Nikolaus nicht gehört. Das ist schade, denn wie soll er nun etwas über ihn erfahren?

Auch Tim ärgert sich. Erst hat er sich zwar über die hübschen Sachen in seinen Stiefeln gefreut: Buntstifte und Strümpfe und eine Taschenlampe, die er sich schon lange gewünscht hatte. Trotzdem findet er es schade, dass er wieder den Nikolaus verpasst hat. Natürlich ist Mama daran schuld, denn sie hat ihn ja nicht neben der Haustür übernachten lassen.

»Das hätte dir gar nichts genützt«, lacht Mama, »denn der Nikolaus kommt nicht durch die Tür, sondern durch den Schornstein.«

»Das geht ja gar nicht«, schmollt Tim.

»So, und warum nicht?«

»Weil er gar nicht durch den Schornstein passt. Dafür hat er einen viel zu dicken Bauch.« Aber Mama schüttelt den Kopf.

»Das denkst du nur, weil der Nikolaus auf Bildern immer kugelrund ist. Aber in Wirklichkeit war er vielleicht ein ganz dünner Mann. Und bestimmt trug er keinen roten Mantel, sondern eine braune Kutte.«

»Was ist denn eine Kutte«, will Tim wissen und Uli, der aufmerksam zugehört hat, ist nun auch sehr gespannt. Nur Conni langweilt sich. Sie hat nämlich Hunger und will endlich frühstücken.

Außerdem friert sie in ihrem dünnen Nachthemd, und auf dem Flur ist es ja auch wirklich kalt, jedenfalls für Menschenkinder.

»Na los, wascht euch und zieht euch an. Ich koche in der Zwischenzeit Kakao«, sagt Mama und scheucht die Kinder ins Badezimmer. Conni und Tim müssen sich beeilen, denn heute ist zwar Nikolaustag, aber leider noch Schule. Und zum Unterricht dürfen die Kinder nicht zu spät kommen. Mama bleibt also keine Zeit, noch irgendetwas zu erklären. Dabei platzt Uli fast vor Neugier. Aber er muss sich noch bis zum Nachmittag gedulden. Erst einmal begleitet er die Kinder zur Schule.

Auf dem Weg dorthin fühlt er sich fast ein bisschen wie ein Schutzengel. »Pass auf«, möchte er rufen, als Conni ihren Fuß vom Bürgersteig auf die Straße setzt, obwohl die Fußgängerampel ein rotes Männchen zeigt. Aber rufen darf er nicht. Conni würde sonst vor lauter Schreck erst recht nicht auf die Ampel achten. Deshalb denkt Uli ganz fest an seine Warnung. Und siehe da: Conni scheint ihn irgendwie zu verstehen. Jedenfalls bleibt sie plötzlich stehen und wartet auf Grün.

»Prima«, freut sich Uli, »ich kann ganz mucksmäuschenstill bleiben, auch wenn ich Conni etwas sagen möchte. So erschrecke ich sie ganz bestimmt nicht. Und die anderen Leute auf der Straße auch nicht ...«

Uli darf auf gar keinen Fall irgendjemanden erschrecken. Schließlich hat er Gabriel und dem Reisebüro-Engel versprochen keine Dummheiten zu machen. Dabei würde er so gerne mal mit den Kindern reden. Besonders in der Schule fällt es ihm sehr schwer seinen Engelmund zu halten. Denn alles, was er hier erlebt, ist riesig spannend, am allermeisten aber die ulkigen Fragen, die der Lehrer den Kindern stellt, zum Beispiel diese: Im Stiefel stecken drei Schokoladenweihnachtsmänner. Einer wiegt 100 Gramm. Wenn das Kind nun alle drei Weihnachtsmänner isst, was kommt dann dabei heraus?

»Bauchschmerzen«, möchte Uli rufen. Er schafft es gerade noch rechtzeitig, seine Hand über den Mund zu legen. So ergeht es ihm noch ein paarmal an diesem Vormittag. Deshalb versucht er es noch einmal mit Denken. Er denkt ganz fest. Aber seine Gedanken reichen nicht einmal bis zu Conni, denn im Klassenzimmer schwirren so viele Ideen und Einfälle herum. Die verheddern sich nur zu einem dicken Gedankenkuddelmuddel. Erst zu Hause, als Conni gerade ihren Schokoladenweihnachtsmann auspackt, ein dickes Stück davon abbricht und sich in den Mund schieben will, dringt Ulis Gedanke zu ihr. »Bauchschmerzen«, fällt ihr plötzlich ein, und vor lauter Staunen über diesen merkwürdigen Gedanken probiert Conni nur ein winzig kleines Schokoladenkrümelchen. Mama ist froh darüber, denn Conni soll ja auch noch zu Mittag essen. Und Uli ist auch froh, denn beim Mittagessen sitzen alle gemütlich zusammen. Jetzt könnte Mama vom dünnen Nikolaus mit der braunen Kutte erzählen. Uli wünscht sich das so fest, dass Conni tatsächlich seinen Gedanken auffängt. Aber Conni ist es egal, ob der Weihnachtsmann dick oder dünn ist. Hauptsache, er schmeckt. Uli findet das gemein. Wie soll er nun etwas vom Nikolaus erfahren? Schade, dass er jetzt nicht seinen Freund, den Engel Gabriel, fragen kann. Aber Gabriel ist im Himmel und der Himmel ist weit weg. Dafür zappelt Tim dicht vor Ulis Nase auf seinem Stuhl herum. Tim kann es kaum noch abwarten, aufzustehen und in sein Zimmer laufen zu dürfen. Er will sich aus Decken eine Höhle bauen. Richtig dunkel soll es darin sein, damit er endlich seine neue Taschenlampe ausprobieren kann. Uli denkt natürlich nicht an die Taschenlampe, Uli denkt an den Nikolaus. Und wie Tim so vor ihm herumzappelt, da hat Uli plötzlich eine Idee: Er könnte seinen Wunschgedanken doch an Tim richten, denn Tim wollte ja genauso wie er selber etwas vom Nikolaus erfahren. Also denkt Uli fest in Tims Richtung. Und diesmal klappt es. Auf einmal

ist Tim seine neue Taschenlampe nicht mehr so wichtig. Stattdessen platzt er heraus:

»Mama, warum ist der Weihnachtsmann dünn und was ist
eine Kutte?«

Mama, die gerade die schmutzigen Teller zusammenstellen
will, setzt sich noch einmal an den Tisch.

»Eine Kutte ist ein weiter Umhang mit Kapuze«, beginnt sie,
»und Kutten waren die Kleidung der Mönche. Weißt du, was
ein Mönch ist? Mönche waren Männer, die versprochen hatten, ihr ganzes Leben lang für Gott da zu sein. Gott war ihnen
das Allerwichtigste, wichtiger noch als hübsche Kleidung und
ein Haus und Essen und Trinken. Deshalb behielten sie nur das
Allernötigste für sich. Nikolaus war auch so ein Mönch. Er lebte vor mindestens 1.600 Jahren in Myra. Myra war eine Hafen-
stadt in der Türkei. Damals herrschte in Myra eine große Hun-
gersnot. Das war eine schlimme und dunkle Zeit. Die Armen
hatten nichts. Aber die Reichen schlugen sich die Bäuche voll.
Darüber war der Mönch Nikolaus sehr traurig. Doch eines Ta-
ges, als er im Hafen spazieren ging, entdeckte er ein großes
Handelsschiff, voll beladen mit Getreide. Das Schiff gehörte
einem reichen Kaufmann. Aber Nikolaus dachte an die armen
Menschen, die nichts zu essen hatten. Schnurstracks mar-
schierte er zu den Hafenarbeitern, die gerade das viele Korn
ausluden, und befahl ihnen, es an die Armen der Stadt zu ver-
teilen. So rettete er viele Menschen vor dem Verhungern. Damals beschenkte Nikolaus die Menschen mit Getreide, und heute, wo wir reichlich zu essen haben, heute gibt es Süßigkeiten.«

»Aber warum gerade in der Adventszeit?«

»Weil der Mönch Nikolaus so um den 6. Dezember herum
gestorben ist, und außerdem hat seine Hilfe vielen Menschen
Hoffnung und Licht gebracht, genauso wie die Weihnachtszeit.«

Ungläubig schaut Tim seine Mutter an. Das versteht er nicht.
Uli schon, denn der Engel Gabriel hat es ihm ja erklärt. Am
liebsten möchte er es laut herausrufen: »Es wird hell, weil Gottes Sohn auf die Welt gekommen ist.« Aber zum Glück patscht
er sich seine Engelhand gerade noch rechtzeitig auf den Mund.

»Was war denn das für ein Klatscher?«, fragt Conni.

Erschrocken hält Uli die Luft an. Jetzt nur keinen Laut von sich geben. Er hatte sich so fest vorgenommen keine Dummheiten zu machen. Gut, dass Mama gerade aufsteht.

»Abräumen«, ruft sie und scheucht die Kinder vom Tisch, »und wenn die Küche in Ordnung ist, habe ich eine Überraschung für euch.«

 *Während die Kinder noch die letzten Teller abtrocknen, holt Mama aus ihrer Überraschungsküchenschublade einen alten Schuhkarton. Als sie ihn öffnet, entdecken die Kinder darin lauter etwa 5 cm lange Holzstückchen, die an einem Ende flach, am anderen schräg abgesägt sind. Mama zeigt ihnen, wie sie aus diesen Holzstückchen lauter kleine Nikoläuse basteln können.*

Pass gut auf, dann kannst du es Conni und Tim nachmachen.

»Das war einmal ein Besenstiel«, erklärt Mama und zeigt den Kindern, wie sie die schrägen Seiten mit Plakatfarben anmalen können. Auf die obere Hälfte kommt ein roter Halbmond und auf die untere ein weißer. Unter den roten Halbmond tupfen Conni und Tim zwei schwarze Punkte. Das sind die Augen. Jetzt malen sie die Männchen rundherum rot an, und nun sehen sie nicht etwa wie der Mönch Nikolaus aus, sondern wie kleine, dicke Weihnachtsmänner. Oben in die Mützen gehören noch Löcher, durch die ein Fädchen zum Aufhängen gezogen werden kann.

Aber die Kinder haben keine Lust mehr Löcher zu bohren. Conni hat wieder Appetit bekommen und zwar — Bauchschmerzen hin, Bauchschmerzen her — auf ihren Schokoladennikolaus. Und Tim erinnert sich wieder an seine Taschenlampe. Schneller, als Mama gucken kann, springt er auf und raus aus dem Bastelzimmer. Uli natürlich unsichtbar hinterher. Wäre er mal lieber bei Mama oder Conni geblieben. Denn als er hinter Tim ins Kinderzimmer schwebt, da passiert ihm doch eine Dummheit.

7. Dezember
Ein Engel
auf der Fensterbank

Im Kinderzimmer ist es dämmrig. Das kommt daher, weil im Dezember die Sonne schon am späten Nachmittag untergeht. Tim findet das prima, denn so braucht er nicht bis zum Abend warten, bis er seine neue Taschenlampe ausprobieren kann. Es genügt, wenn er eine alte Decke über seinen Schreibtisch hängt und darunterkriecht. Gleich sitzt er im Dunkeln. Seine Taschenlampe hat er natürlich mitgenommen. Als er sie anknipst, scheint plötzlich ein kreisrundes Licht durch die Decke. Uli, der Engel, beobachtet von außen, wie der Lichtkreis über die Decke schwenkt, wie er sich langsam dorthin bewegt, wo Tim die Enden der Decke einen Spalt breit auseinander geschlagen hat. Plötzlich blitzt der Strahl durch diese Öffnung, zieht eine lange, leuchtende Straße quer durchs Kinderzimmer, zittert über Bett, Bücherregal und Legokiste und trifft schließlich mitten ins abendschwarze Fenster. Und da passiert es: Uli schreit laut auf. Er flüstert nicht, er schnauft nicht, er patscht nicht einmal, denn diesmal hat er es nicht geschafft, rechtzeitig mit der Engelhand seinen Mund zu verschließen. Diesmal ist es laut und deutlich zu hören. »Ach, du lieber Himmel ...«

»Conni? ... bist du das?«

Erschrocken krabbelt Tim aus seiner Deckenhöhle. Aber Conni ist nicht da.

»Lieber Himmel«, hört Tim noch einmal, »das bin ja ich ...«

Die fremde Stimme ist so unheimlich, dass Tim vergisst, die Deckenlampe einzuschalten. Wie versteinert steht er im Dämmerlicht. Nur die Taschenlampe leuchtet. Und sie leuchtet mitten auf den Fensterengel, den Tim vor ein paar Tagen gebastelt hat und der nun leise gegen die Scheibe klatscht. Der bewegt sich ja, als wäre er plötzlich lebendig geworden. Tim läuft ein kalter Schauer über den Rücken. »Conni?«, flüstert er ängstlich.

Und jetzt erst merkt Uli, was er angestellt hat. Dass ihm so eine Dummheit passieren musste. Wie soll er die nur wieder in Ordnung bringen? Gabriel, Gabriel, wenn du mir jetzt bloß helfen könntest, denkt Uli. Aber Ulis Freund, der Engel Gabriel, ist im Himmel. Und der Himmel ist weit weg. Trotzdem ist es gut, dass Uli sich an Gabriel erinnert. Denn Gabriel hat schließlich einmal etwas Ähnliches erlebt, damals, als er auf der Erde war. Damals hat er eine junge Frau besucht. Maria hieß sie. Als sie plötzlich die fremde Engelstimme hörte, war sie bestimmt genauso entsetzt wie Tim. Und was hat Gabriel da gemacht?

»Fürchte dich nicht«, hat er gesagt. Und genau das wird Uli jetzt auch machen.

»Fürchte dich nicht, Tim«, flüstert er. Vorsichtig und wie in Zeitlupe dreht Tim sein Gesicht in jede Zimmerecke. Niemand da, stellt er fest, bleibt aber trotzdem stocksteif stehen. Ach ja, jetzt fällt es Uli ein. Maria hat Gabriel nicht nur gehört, sondern auch gesehen. Nur eine Stimme alleine ist wirklich gruselig. Deshalb ist es vielleicht am besten, wenn Uli sich zeigt. Aber da erschrickt Tim noch mehr, denn plötzlich wird es hell im Zimmer wie von einem Scheinwerfer. Und da, genau neben dem Fensterengel, hockt ein Wesen mit silbernen Locken auf der Fensterbank, ist nicht Junge, ist nicht Mädchen, trägt ein Nachthemd, unter dem nackte Füße hervorbaumeln, und sieht genauso erschrocken aus wie Tim. Der bringt immer noch kein Wort heraus.

»Schuldigung ...«, stammelt Uli, »aber dieses Ding da«, er nickt zum Fensterengel hin, »das sieht aus wie ich.«

»Stimmt«, staunt Tim und vor lauter Staunen vergisst er, stocksteif stehen zu bleiben. Vorsichtig wagt er sich ein kleines Schrittchen näher ans Fenster. Nun streckt er sogar seinen Zeigefinger aus.

7. Dezember

»Das ist ein Engel. Den habe ich ganz allein gemacht«, haucht er.

Das Kerlchen auf der Fensterbank gleicht dem Papierengel tatsächlich wie ein Spiegelbild. Nur dass er nicht so harmlos am Fädchen schaukelt, sondern sich richtig bewegt, seine Arme schlenkert, mit dem Kopf wackelt und außerdem leuchtet wie ein Feuerwerk. Geblendet kneift Tim seine Augen zusammen.

»Schuldigung«, sagt Uli und dimmt das Licht, das aus ihm herausleuchtet, ein bisschen herunter. »Ist es jetzt besser?«

Tim nickt. So unheimlich ist der fremde Wicht gar nicht. Er scheint sogar ziemlich nett zu sein. Und wenn er so aussieht wie Tims Pappengel im Fenster, dann ist er vielleicht auch ein Engel, und zwar ein richtig echter, quietschfideler, lebendiger Himmelsengel. Und wer hat so einen schon auf seiner Fensterbank sitzen?

Tim tritt noch ein Gänsefüßchen näher. Draußen ist es zwar noch dämmriger geworden, aber im Zimmer ist es hell, hell genug jedenfalls, dass Tim sich das fremde Wesen genau betrachten kann. Nein, er bildet sich nichts ein. Da sitzt wirklich ein Kerlchen auf seiner Fensterbank, leuchtet wie eine Lampe, streckt ihm die Arme entgegen, winkt mit beiden Händen auf einmal und lächelt sogar. Vor so einem braucht sich bestimmt niemand zu fürchten. Aber aufgeregt ist Tim schon und neugierig auch. Und wenn einer neugierig ist, dann fallen ihm sofort eine Menge Fragen ein.

»Wer bist du eigentlich und wo kommst du her? Was willst du hier und hast du auch einen Namen? Tust du mir auch nichts? Bist du vielleicht wirklich ...«

»Genau«, freut sich Uli, »ich bin ein Engel und ich heiße Uli. Ich habe mich gerade aus dem Himmel auf die Erde geträumt, weil ich unbedingt etwas über Geburtstage erfahren wollte. Und Weihnachten ist ja ein Geburtstag. Das weiß ich von Gabriel und auch aus dem Buch vom Herrn Lukas. Und dann habe ich im Menschengeschichtenbuch von dir und Conni gelesen. Da wollte ich nicht nach Israel, sondern zu euch. Und Gott hat das längst gewusst und auch nichts dagegen gehabt, und Gabriel und der Reisebüroengel haben mir geholfen und deshalb ...«

Tim kann gar nicht so schnell hören, wie die Worte aus Ulis Mund heraussprudeln. Er versucht es zwar, aber er versteht nicht ein bisschen. Das Einzige, was er begreift, ist, dass Uli tatsächlich ein Engel ist und dass er sich nicht vor ihm zu fürchten braucht. Und weil er nun endgültig alle Angst verloren hat, geht er ganz dicht ans Fenster. Der Engel rutscht ein bisschen zur Seite und Tim schwingt sich neben ihn auf die Fensterbank. Da sitzen sie, starren sich an und keiner von beiden weiß, wie es nun weitergehen soll. Wie hat Gabriel es damals wohl gemacht? überlegt Uli. So weit er sich erinnern kann, hat Maria ihn gleich richtig verstanden. Deshalb entschließt Uli sich, jetzt einfach dieselben Worte zu benutzen wie damals Gabriel. Mal sehen, ob das besser klappt. Er holt tief Luft. Dann beginnt er noch einmal von vorne.

»Fürchte dich nicht, Tim, denn Gott hat dich lieb. Du sollst schwanger werden und einen Sohn zur Welt bringen. Den sollst du Jesus nennen und er wird der König für alle Menschen sein.«

Aber auch diesmal klappt Ulis Versuch nicht. Er begreift nicht, warum ihn der Menschenjunge so komisch anguckt. Jetzt hebt er sogar seine Hand und tippt sich mit seinem Finger an die Stirn. Und dann prustet er los: »Was redest du denn da«, und tippt sich gleich noch einmal an die Stirn.

»Aber Gabriel hat zu Maria genau dasselbe gesagt«, verteidigt sich Uli.

»Aber Maria war eine Frau und ich bin ein Junge. Und Jungen bekommen keine Babys«, quiekt Tim, »dann hättest du schon zu meiner Schwester gehen müssen. Aber die ist noch viel zu klein zum Kinderkriegen. Und selbst wenn sie größer wäre ... was glaubst du, was das für ein Theater gäbe. Mama und Papa würden bestimmt fürchterlich ausrasten ...«

»Was ist denn ausrasten?«

»Böse werden, schimpfen ... jedenfalls würden sie nicht gerade begeistert sein.«

7. Dezember

»Nein? Nicht?«, Uli ist verblüfft. Er hat gedacht, die Menschen würden sich freuen, wenn Gottes Sohn auf die Welt kommt. Stattdessen rasten sie aus. Ob Marias Eltern auch ausgerastet sind?

»Klar«, meint Tim, »und der Josef erst ...«

»Josef, der Schreiner«, weiß Uli, »der also auch.«

»Klar. Maria und Josef waren doch erst miteinander verlobt. Glaubst du, der wollte eine Frau heiraten, die ein Kind von jemand anderem bekommt?«

»Aber das Baby war von Gott«, wendet Uli ein.

»Das wusste doch der Josef nicht«, erklärt Tim.

»Nicht?«, wundert Uli sich noch einmal. Doch plötzlich geht ihm ein Licht auf. Gleich beginnt er ein bisschen heller zu strahlen. Tim muss wieder die Augen zusammenkneifen.

»Schuldigung«, ruft Uli, »aber mir ist da gerade etwas eingefallen.« Er dimmt sein Licht wieder etwas zurück, damit Tim ihn anschauen kann.

»Ich kann mir jetzt denken, warum Gabriel nicht nur bei Maria, sondern auch bei Josef war. Er musste ihn nämlich überreden Maria trotzdem zu nehmen.«

»Logisch«, nickt Tim, »damit das Jesus-Baby nicht nur Gott als Vater hat, sondern auch einen Menschenpapa.«

»Logisch«, sagt auch Uli und schlägt in Tims ausgestreckte Hände.

Na prima, endlich verstehen sich die beiden. Vielleicht kann Uli jetzt erklären, warum er auf die Erde gekommen ist. Aber gerade als er loslegen will, springt die Tür auf. Conni steckt ihren Kopf ins Zimmer.

»Tim, wo bleibst du denn? Hast du mich gar nicht rufen gehört?«, schreit sie.

Ruckzuck quetscht Uli sich hinter Tims Rücken. Ein Menschenkind reicht ihm für heute. Doch er schaltet nicht schnell genug sein Licht ab. Über Tims Schultern und um seinen Kopf herum leuchtet ein heller Strahlenkranz. Owei, jetzt wird Conni Uli auch noch entdecken. Aber Conni zuckt nur mit den Schultern.

»Blöde Taschenlampe«, mault sie, »seit du die hast, denkst du an gar nichts anderes mehr. Dabei ist Papa längst von der Arbeit zurück. Er hat mit mir gebastelt. Und weißt du was? Weihnachtsengel.« Triumphierend wirft sie den Kopf zurück, dass ihr brauner Pferdeschwanz rauf und runter wippt. Doch Tim ärgert sich kein bisschen. Er lacht sogar. »Macht nichts«, strahlt er, »ich habe nämlich auch einen Engel. Und zwar einen lebendigen.«

»Du spinnst ja.« Jetzt tippt Conni sich an die Stirn. »So etwas denkst du dir nur aus, weil du neidisch bist. Hier sieh mal.«

Sie streckt ihre Hand aus und setzt ein Engelchen darauf. Es ist aus Goldpapier.

Erst hat Conni einen Halbkreis ausgeschnitten und die geraden Seiten so zusammengeklebt, dass ein Hütchen entstand. Flügel aus dem gleichen Goldpapier hat sie an den Rücken geklebt. Auf der Hütchenspitze sitzt eine Holzkugel. Darauf hat Conni Watte als Engelshaar geklebt und ein Gesichtchen aufgemalt. Der Engel ist ihr gut gelungen. Sie wird noch ganz viele basteln und zwar jetzt gleich, egal, ob Tim mitmacht oder nicht. Vielleicht machst du ja mit.

8. Dezember
Kann ein Engel
Uli heißen
und ein Esel
Theobald?

Tim macht es überhaupt nichts aus, dass Conni ihm nicht glaubt. Sie haben noch zusammen Weihnachtsengel gebastelt, mindestens 15 Stück. Mama hat sie alle in den alten Schuhkarton gelegt, in dem auch schon die Holznikoläuse schlummern, und den Kasten in ihrer Überraschungsküchenschublade verstaut. »Wenn der Kasten voll ist«, hat sie geschmunzelt und geheimnisvoll mit den Augen gezwinkert, »dann ist bald Weihnachten.«

»Und was machen wir mit den ganzen gebastelten Sachen?«, hat Conni gefragt.

»Überraschung«, hat Mama gelacht. Aber Conni fand diese Geheimnistuerei überhaupt nicht witzig und Tims komisches Gerede von einem Engel, der Uli heißt, auch nicht. Den ganzen Abend hat sie ihn deswegen ausgelacht. Trotzdem ist Tim fest geblieben. Natürlich hat er einen Engel getroffen. Er hat auf der Fensterbank in seinem Kinderzimmer gesessen und mit ihm geredet. Er heißt Uli und ist riesig nett.

»Quatsch, ein Engel heißt niemals Uli«, empört sich Conni.

»Und warum nicht?«, hat Tim gefragt. Aber da hat Conni nur mit den Schultern gezuckt. Sie weiß es also auch nicht, hat Tim gedacht, weil sie nämlich überhaupt keine Ahnung hat. Tim weiß auch nicht viel mehr. Doch das macht nichts, denn jetzt kann er ja Uli nach allem fragen, was er über Engel wissen möchte. Aber Uli ist verschwunden. Als Tim zum Schlafengehen ins Kinderzimmer kommt, ist die Fensterbank leer. Tim ruft leise nach Uli. Nichts. Er schaut unter das Bett und hinter den Schrank, neben den Schreibtisch und zwischen die Spielzeugkisten. Aber Uli findet er nicht. Traurig krabbelt er ins Bett.

Mama und Papa kommen zum Gute-Nacht-Sagen. Sonst ist das Gute-Nacht-Sagen eine fröhliche Angelegenheit. Papa kaspert nämlich immer noch ein bisschen mit den Kindern herum, zuerst mit Tim, weil er der jüngere ist und etwas früher einschlafen soll als Conni, die ja schon groß ist. Meistens spielt Papa ihm vor, er sei ein Monster oder er kitzelt ihn oder er denkt sich sonst irgendeinen Unsinn aus. Mama steht dann empört in der Tür.

»Du drehst den Jungen auf wie eine Spieluhr. Dann läuft und läuft er und kann überhaupt nicht einschlafen«, tadelt sie den Vater. Aber darüber lachen Papa und Tim erst recht. Und dann muss Mama meistens auch lachen.

Doch heute Abend ist Tim nicht zum Lachen zumute, denn er hat seinen Engel verloren.

»Was ist los mit dir?«, fragt Papa. Aber Tim schweigt. Wenn er jetzt von Uli erzählt, glaubt Papa ihm vielleicht nicht und kaspert nur wieder herum. »Was ist los mit dir?«, fragt nun auch Mama. Besorgt tritt sie an Tims Bett und legt ihm eine Hand auf die Stirn.

»Du wirst doch wohl nicht krank werden, und das gerade jetzt, kurz vor Weihnachten.«

»Das wäre ja noch schöner«, sagt Papa und schaut Tim nachdenklich an. Und dann bemerkt er, dass Tim überhaupt nicht fiebrig aussieht, keine glasigen Augen hat und keine heiße Stirn.

»Nein, der Junge hat etwas anderes«, entscheidet er, »los, raus mit der Sprache.«

Da platzt Tim los: »Ich habe einen Engel.«

»Klar«, grinst Papa, »und ich habe einen Esel.«

»Wo denn?« Tim bekommt vor Staunen ganz runde Augen.

»Beim Bauern Tiehle. Da steht er, macht IAH und wartet darauf, dass du ihn mal besuchst.« Mama lacht und boxt Papa in die Rippen.

Der Bauer Tiehle wohnt am anderen Ende der Stadt. Man muss mit der Straßenbahn fahren, wenn man auf seinen Hof möchte. Conni fährt mindestens einmal in der Woche zu ihm, denn der Bauer Tiehle hat einige Pferde im Stall und auf denen lernt Conni reiten. Tim ist schon ein paarmal mit ihr gefahren und hat ihr zugeschaut. Aber selber wollte er auf kein Pferd klettern. Die sind ihm nämlich viel zu hoch. Und außerdem schaukeln sie wie betrunken. Papa schaukelt jetzt auch wie betrunken. Er sitzt auf Tims Bettkante und beugt sich vor und zurück, so als säße er auf einem Pferderücken. Doch dann bleibt er plötzlich mitten in der Bewegung stehen. »Weiter«, ruft Mama. Aber Papa schreit laut IAH und schüttelt sich. Dann schaut er Tim ernst an.

»Esel sind ziemlich stur«, erklärt er, »du müsstest mal den vom Bauern Tiehle sehen. Der hört überhaupt nicht. Kein Wunder, wenn ein Esel so einen komischen Namen hat ...«

Mama schlägt sich rasch die Hände vor das Gesicht, um nicht laut loszulachen. Aber Tim fragt gespannt: »Wie heißt er denn?«

»Theobald«, sagt Papa und sieht dabei ganz bekümmert aus. »Nun sag mal ehrlich: wenn du ein Esel wärst und so einen Namen hättest, wärst du dann nicht auch störrisch?«

»Klar«, lacht Tim, »dann wäre ich der allerschlimmste Esel überhaupt.«

»Gut, dass du nicht Theobald heißt, und noch besser, dass du kein Esel bist«, seufzt Mama, »denn so wirst du hoffentlich auf uns hören und endlich einschlafen.«

Entschlossen drückt sie Tim ihren Gute-Nacht-Kuss auf die Stirn und zieht Papa aus dem Zimmer. Das Licht knipst sie aus und lässt die Tür hinter sich zuklappen. Nun ist es dunkel im Zimmer. Aber schlafen kann Tim trotzdem nicht. Denn erstens muss er an den Esel mit dem putzigen Namen denken, zweitens kommt es ihm gerade so vor, als ob Papa ihn nur verulkt hat und der Bauer Tiehle überhaupt keinen Esel besitzt, und drittens knarrt plötzlich so unheimlich der Kleiderschrank. Huch, ist das schauerlich, jetzt öffnet sich auch noch wie von

Geisterhand die Schranktür und ein schwacher Schein schimmert aus dem Spalt auf den Fußboden heraus.

»Uli?«, flüstert Tim ängstlich. Aber was da aus dem Schrank herauskrabbelt, ist nicht das silberlockige Wesen mit dem Nachthemdchen, sondern ein Kerl, merkwürdig bekleidet mit Hosen, Strümpfen und Hemden, die Tim ziemlich bekannt vorkommen. Es sind nämlich alles seine eigenen Sachen. Nur wie komisch der Wicht sie sich angezogen hat! Seine Arme stecken in langen Kniestrümpfen. Um seine Beine hat er sich je ein Hemdchen gewickelt. Über seinen Körper hat er sich locker Tims Bademantel gehängt und um den Bauch herum mit einer Jeans zusammengebunden. Am gruseligsten ist der dunkle Pullover, den das Wesen sich über den Kopf gezogen hat. Die Ärmel baumeln ihm wie lange Eselsohren rechts und links auf die Schulter herunter.

»Überfall«, denkt Tim und zieht sich erschrocken die Decke über den Kopf.

»Gar kein Überfall«, denkt das Lumpenmännchen zurück, »ich bin's doch, der Uli ...«

Ratlos steht Uli, der Engel, vor Tims Bett. Tim ist ganz darin verschwunden.

Owei, hat Uli etwa schon wieder eine Dummheit gemacht? Uli hat sich Menschenkleider angezogen, weil er dachte, damit auszusehen wie ein Mensch. Doch warum erschrickt Tim trotzdem? Tim scheint ihn nun überhaupt nicht mehr zu erkennen.

»Ich bin's wirklich, der Uli«, versucht es Uli noch einmal. Da endlich lugt eine Nasenspitze unter der Bettdecke hervor.

»Ich dachte schon, dich gibt's gar nicht mehr«, flüstert Tim, »ich dachte schon, ich hätte mir das alles nur eingebildet. Und jetzt, wo du noch so komisch aussiehst ...«

»Ich wollte eben genauso sein wie ihr Menschen, zumindest wollte ich ein bisschen so aussehen wie ihr«, erklärt Uli. Enttäuscht schaut er an sich hinunter. Das mit dem Aussehen hat wohl nicht so gut geklappt. Irgendwie sehen Tim und Conni anders aus in ihren Strümpfen, Pullovern und Hosen. Uli wird sie später fragen, wie Anziehen richtig funktioniert. Jetzt muss er den Menschenjungen erst einmal überzeugen, dass es ihn ganz und gar und wirklich gibt. Zuerst tippt er Tim auf seine Nasenspitze, damit er ihn richtig spüren kann. Dann beginnt er zu strahlen und schließlich erklärt er: »Ich war die ganze Zeit hier. Dass du mich nicht siehst, hat überhaupt nichts zu bedeuten.«

Doch Tim schmollt: »Du kannst mir viel erzählen, vielleicht schlafe ich längst und träume dich bloß und in Wirklichkeit gibt es dich gar nicht. Wer hat denn schon von einem Engel gehört, der Uli heißt. Conni hat auch gesagt, dass Engel nicht Uli heißen.«

»So, und warum nicht?«

»Weil Engel eben nicht Uli heißen«, beharrt Tim.

Das ist ja allerhand, findet Uli. Ärgerlich reißt er sich Tims Pullover vom Kopf.

»Deine Schwester ist ja eine ganz schlaue und du wohl auch«, schimpft er, »Engel heißen also nicht Uli, aber Esel heißen Theobald, wie?«

»Woher weißt du denn von Bauer Tiehles Esel?«, wundert sich Tim und schiebt endlich seine Bettdecke zurück. Uli hopst auf die Bettkante und kuschelt seine Füße zu Tim unter die Decke.

»Ich hab's dir doch gesagt, ich war die ganze Zeit hier. Auch wenn du mich nicht siehst, bin ich da. Und ich bin und bleibe ein Engel, sogar dann, wenn ich deine komischen Menschenklamotten anhabe. Wie funktionieren die überhaupt?«

»Ich zeig's dir morgen früh«, verspricht Tim, »du kannst mir zuschauen, wenn ich mich anziehe. Aber jetzt muss ich schlafen. Morgen ist nämlich Schule und da darf ich nicht müde sein.«

»Ach ja, müde«, murmelt Uli, »wie das ist, würde ich auch gern mal wissen. Weißt du, Engel werden nämlich niemals müde. Und deswegen können sie auch keine Geschichten träumen. Wenn Engel träumen, dann verreisen sie ...«

Uli plappert und plappert. Dabei ist Tim schon längst eingeschlafen.

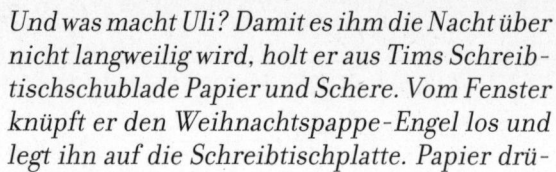

Und was macht Uli? Damit es ihm die Nacht über nicht langweilig wird, holt er aus Tims Schreibtischschublade Papier und Schere. Vom Fenster knüpft er den Weihnachtspappe-Engel los und legt ihn auf die Schreibtischplatte. Papier drüber, Umrisse durchgepaust, ausgeschnitten und angemalt wie lauter lustige Kinderkleider oder wie ein Clownskostüm oder wie ein Cowboyanzug oder wie ... Fällt dir noch mehr ein? Du kannst selber Kleider erfinden. Beim Ausschneiden achte darauf, dass du an den Schultern und unter den Armen kleine Papierlaschen stehen lässt. Die knickst du, wenn du deinen Pappe-Engel »anziehst«, um, damit er sein neues Kleid nicht verliert.

Tim bekommt am nächsten Morgen kugelrunde Augen, als der Fensterengel ein neues Kleid anhat. Aber unter dem Kleid steckt doch derselbe Engel.

9. Dezember
Was man nicht sieht, das gibt es doch

Endlich sieht Uli einen Adventskranz. Das wollte er schon lange einmal, denn ein Adventskranz gehört unbedingt zu Advent dazu. Wegen der Lichter, erinnert sich Uli. Gabriel hat es ihm genau erzählt: Die Menschen zünden Kerzen an zum Zeichen dafür, dass Gottes Sohn auf die Welt gekommen ist. Und je näher Weihnachten rückt, umso heller wird es. Papa hat schon die zweite Kerze angezündet. Gemütlich ist es. Papa knackt Nüsse und schält Mandarinen und Mama hat sich ein Ratespiel ausgedacht. Das Spiel geht so: Mama stellt Fragen, die alle irgendetwas mit Advent oder Weihnachten zu tun haben, und wer die richtige Antwort weiß, der bekommt von Papa eine Nuss. Wer zum Schluss die meisten Nüsse hat, ist der Gewinner.

»Wie hieß der Engel, der zu Maria kam?«, fragt Mama.

»Gabriel«, schreit Tim, »ich weiß das von dem Engel, der bei mir war.«

Mama lächelt nachsichtig und Conni hebt gelangweilt ihren Kopf. »Jetzt fängt der schon wieder damit an«, murmelt sie und beobachtet, wie Papa Tim eine Nuss über den Tisch reicht.

»Und wo kann man die Maria-Geschichte nachlesen?«, will Mama jetzt wissen.

»Im Lukas-Buch«, schießt Tim dazwischen. Erstaunt legt Papa die Mandarine, die er gerade schälen wollte, auf den Teller zurück. »Woher weißt du das denn?«

»Na, von meinem Engel«, triumphiert Tim. Doch da spürt er, wie ihn jemand in die Seite stößt. »Pst«, zischt ihm ein leises Stimmchen ins Ohr, »nichts verraten. Conni und deine Eltern glauben dir ja doch nicht.«

Ach, stimmt ja. Papa und Mama und Conni können Uli, den Engel, ja nicht sehen. Trotzdem ist er da. Unsichtbar sitzt er zwischen Tims Rücken und der Stuhllehne und betrachtet über Tims Schulter hinweg den Adventskranz. Tim muss sich ganz dünn machen, um Uli nicht platt zu drücken. Es sieht komisch aus, wie Tim so weit vorne auf der Stuhlkante balanciert, und Conni hat sich auch schon darüber gewundert. Aber Mama hat gesagt: »Lass ihn doch«, weil sie nicht wollte, dass an diesem Abend gestritten wird.

Doch jetzt wird Tim trotzdem böse, und zwar nicht auf Conni, sondern auf seinen Engel. Tim hat nämlich die ewige Heimlichtuerei und das Versteckspielen satt.

»Zeig dich doch endlich«, wispert er Uli zu.

»Na hör mal, willst du, dass deine Schwester und deine Eltern vor lauter Schreck vom Stuhl fallen«, regt Uli sich auf. Tim schüttelt den Kopf.

»Siehst du, Mama«, schreit Conni und zeigt mit ihrem Finger auf Tim, »diesmal hat Tim es auch nicht gewusst.«

Was hat er nicht gewusst? Während er mit Uli gestritten hat, muss Mama irgendeine besonders schwere Frage gestellt haben. Schade, dass Tim die nicht mitbekommen hat.

»Also, dann werde ich es euch sagen.« Papa knackt eine Nuss und legt jedem Kind eine Hälfte in die Hand. »Das Baby sollte Jesus heißen«, sagt er.

Natürlich, jetzt weiß Tim sofort, worum es geht. Mama hat nach dem Baby gefragt, das Maria auf die Welt bringen sollte. Uli hat ihm auch davon erzählt. Aber das sagt Tim diesmal lieber nicht, sonst macht Conni gleich wieder Theater. Aber Conni denkt an das Baby und was es für einen komischen Namen hat.

»Den hast du dir bestimmt nur ausgedacht«, wirft sie dem Vater vor. Doch der schüttelt den Kopf und bleibt ganz ernst.

»Aber Papa, ich kenne kein Kind, das Jesus heißt. In meiner Klasse gibt es diesen Namen nicht und soviel ich weiß, auch nicht in der ganzen Schule.«

»Stimmt«, pflichtet Tim seiner Schwester bei. Conni schaut ihn verwundert an, denn es ist etwas Besonderes, dass Tim mal zu ihr hält.

»Ihr habt Recht«, gibt Papa zu, »deutsche Kinder heißen auch nicht Jesus. Aber dieses Baby ist in Israel geboren. Die

Sprache, die man dort spricht, heißt Hebräisch. Also ist Jesus ein hebräischer Name.«

»Und was bedeutet er in Deutsch«, fragt Conni, »ich meine, wie würden wir das Kind nennen, wenn es in Deutschland geboren wäre?«

»Gott ist bei uns«, erklärt Papa.

Verwundert schauen Tim und Conni sich an. Jetzt verulkt Papa sie wohl wieder.

»Aber nein«, verteidigt sich Papa, »ist doch logisch, dass das Baby >Gott ist bei uns< heißt, denn schließlich ist es ja Gottes Sohn. Durch ihn ist Gott uns Menschen nahe gekommen.«

»Genau«, wispert Uli Tim von hinten ins Ohr, »du hast einen ziemlich schlauen Papa.«

Aber Tim kennt seinen Papa besser. Er weiß genau, dass Papa gerne Quatsch macht und den Kindern Blödsinn erzählt. Besser, sie glauben ihm nicht einfach alles, sondern fragen lieber nochmal nach. Conni ist derselben Meinung. Deshalb bohrt sie jetzt: »Und wenn Gott nahe ist, wo steckt er dann jetzt, bitte schön?«

Neugierig dreht sie ihren Kopf in alle Richtungen und schaut angestrengt in jede Zimmerecke.

»Ich kann ihn jedenfalls nirgendwo sehen.«

»Ich auch nicht«, kräht Tim.

»Aber Kinder.«

Papa stützt beleidigt seine Ellenbogen auf und legt seinen Kopf in die Hände.

»Ihr könnt mir ruhig glauben. Gott ist bestimmt da. Viele Dinge sind da, obwohl wir sie nicht sehen können. Die Luft zum Beispiel oder alles, was wir riechen können, oder ...«

»Oder die Sonne, wenn sie hinter den Wolken verschwindet«, fällt Mama ein.

»Oder Kälte und Wärme«, weiß Conni.

»Ja, und Liebe«, schmunzelt Mama, »ich habe euch toll lieb. Aber sehen könnt ihr meine Liebe nicht. Trotzdem ist sie ganz sicher da.«

»Genauso wie mein Engel.« Diese Bemerkung kann Tim sich jetzt nicht mehr verkneifen.

Papa und Mama und selbst Conni haben es ja zugegeben, dass es eine Menge Sachen gibt, die man nicht sehen kann. Also ist es auch möglich, dass es Uli, den Engel, gibt. Nachdenklich nickt Papa mit dem Kopf. »Ja, wenn du das so siehst«, gibt er zu. Auch Conni ist verblüfft. Vor lauter Staunen steht ihr der Mund offen. Tim lacht. »Glaubst du mir jetzt?«

»Aber wenn man deinen Engel nicht sehen kann, woher weißt du dann, dass es ihn gibt?«, fragt Conni.

»Weil er manchmal leuchtet«, erklärt Tim, »aber nur dann, wenn er Dummheiten macht.«

Nun lacht auch Papa. »Dann heißt dein Engel wohl Schalk. Der leuchtet nämlich auch, wenn er Dummheiten macht, und zwar hinter den Ohren und aus allen Knopflöchern.«

»Und was bedeutet das nun schon wieder?«, fragt Conni.

»Ganz früher hat man zu einem Diener Schalk gesagt. Aber heute nennt man jemanden so, der gerne Spaß macht«, erklärt Papa.

»Du meinst wohl einen wie dich«, witzelt Mama. Dazu kann Papa nur verschmitzt mit den Augen zwinkern. Er sagt nicht nein dazu und auch nicht ja. Stattdessen nimmt er eine Hand voll Nüsse, knackt sie vorsichtig und stochert den weichen Kern heraus. Die Schalen legt er zur Seite.

 *Hol schnell auch ein paar Nüsse und mach es dem Papa von Conni und Tim nach.*

»Erst werden die Kerne gegessen und dann die Schalen angemalt«, kommandiert er, steht auf, verschwindet und kommt mit silberner und goldener Plakatfarbe zurück. Die musst du natürlich auch besorgen. Die Farbe aus deinem Wassermalkasten genügt aber auch. Mama soll Geschenkband und Kleber holen und Tim und Conni ihre Pinsel aus dem Malkasten. Die liegen bei dir bestimmt schon parat. Nun malen alle zusammen die Nussschalen an, klemmen Geschenkband zwischen zwei Hälften und kleben sie sorgfältig zusammen. Die glänzenden Nüsse können jetzt aufgehängt werden. Aber Mama verstaut sie schnell in ihrer Überraschungskiste. Die Kinder finden das schade. Und Uli auch.

10. Dezember
Wie es auf der Erde ein bisschen wie im Himmel werden kann

Tim kuschelt sich gemütlich in sein Bett. Draußen ist es schon dunkel, obwohl es noch früh am Abend ist. Trotzdem hat Tim kein Licht eingeschaltet, liest nicht, spielt nicht, hört nicht einmal eine Märchencassette, sondern liegt still im Bett und wartet. Er wartet auf seinen Engel. Den ganzen Tag hat er nichts von ihm gehört oder gesehen. Dennoch ist er sich sicher: Uli gibt es wirklich. Papa hat es gestern selber gesagt: Viele Dinge, die man nicht sehen kann, sind trotzdem wirklich da. Selbst Conni hat es schließlich geglaubt. Deshalb wundert es Tim kein bisschen, als Conni jetzt vorsichtig die Tür zu seinem Kinderzimmer öffnet.

»Ist er schon da?«, flüstert sie.

Tim schüttelt den Kopf, und als Conni unschlüssig von einem Bein auf das andere trippelt, nicht hereinkommt und auch nicht heraus, da winkt Tim sie zu sich. Er schlägt sogar ein bisschen seine Bettdecke zurück. Dabei kommt er sich ziemlich entgegenkommend vor.

Conni hopst auch sofort zu ihm und krabbelt am Fußende unter seine Decke.

»Ich weiß nicht mal, ob er kommt«, flüstert Tim. Conni zuckt die Schultern. Stumm liegen beide Kinder und warten. Doch schließlich hält Conni es nicht mehr aus. Ein bisschen zweifelt sie wohl doch, denn jetzt fängt sie schon wieder an: »Aber Uli ist für einen Engel wirklich ein komischer Name.«

»Jesus ist auch ein komischer Name und trotzdem macht er Sinn«, verteidigt sich Tim. Und dann fällt ihm noch jemand mit einem komischen Namen ein. Erst wollte er Conni überhaupt nichts davon erzählen, denn sie muss ja schließlich nicht alles erfahren. Doch jetzt kann er sich nicht mehr zurückhalten. Papa hat ihm vorgestern von ihm erzählt, nämlich von Theobald, dem Esel vom Bauern Tiehle. Conni lässt ihn kaum ausreden. Sie schüttelt sich vor Lachen.

»Und das hast du Papa geglaubt?«, gluckst sie, »da hat er dir aber einen schönen Esel aufgebunden. Warum sollte Bauer Tiehle sich einen Esel halten? Da kann doch kein Mensch drauf reiten.«

»Nein?« Tim ist enttäuscht. Hat Papa ihn also wieder einmal hereingelegt. Und obendrein lacht Conni ihn noch aus. Wütend schmeißt er sein Kissen nach ihr, damit sie endlich ihren vorlauten Mund hält. Conni pfeffert es gleich zurück und in null Komma nix stecken die beiden in einer wüsten Streiterei. Und weil es im Zimmer stockdunkel ist, können sie froh sein, dass dabei nichts zu Bruch geht. Nur leider kommt gerade jetzt Mama ins Zimmer. Der Augenblick ist sehr ungünstig, denn plötzlich klatscht ein Kissen direkt an ihren Kopf und gleich hinterher ein paar gar nicht schöne Schimpfworte, die ich hier lieber nicht aufschreibe. Ärgerlich schaltet Mama das Licht an, hebt das Kissen vom Boden auf und schickt Conni sofort in ihr eigenes Zimmer.

»Dass ihr dauernd streiten müsst«, schimpft sie.

»Aber Conni hat angefangen«, verteidigt sich Tim. Doch Mama will gar nichts hören.

»Zum Streiten gehört ihr alle beide«, erklärt sie, »denk darüber nach.« Und dann geht sie, ohne Gute-Nacht-Kuss und ohne eine Versöhnung. Tim bedrückt das sehr. Aber er kann jetzt unmöglich einfach aufstehen, hinter Mama oder Conni hertapern und »Entschuldigung« sagen. Schließlich war Conni schuld. Warum glaubt sie ihm nicht endlich mal und warum muss sie ihn dauernd auslachen, vielleicht nur, weil er ein bisschen jünger ist als sie? Deswegen ist er aber noch lange nicht dümmer. Conni ist nämlich selber dumm. Sie weiß ja nicht einmal, dass Papa ihm keinen Esel, sondern einen Bären aufgebunden hat.

»Hat er nicht«, wispert plötzlich ein leises Stimmchen, »den Esel gibt es nämlich wirklich.«

10. Dezember

»Uli«, freut sich Tim. »Warum kommst du denn nicht mal, wenn Conni da ist, damit sie mir endlich glaubt?«

»Erstens«, zählt Uli auf und und krabbelt dabei unter Tims Schreibtisch hervor, »weil sie längst glaubt, dass es mich zumindest geben könnte. Sie hat nur den Esel nicht wahrhaben wollen. Und zweitens, weil es mir nicht gefällt, wo gestritten wird. Im Himmel streitet sich nie jemand.«

»Wir sind hier auch nicht im Himmel, sondern auf der Erde«, bockt Tim.

»Schade«, findet Uli. Er hebt ein paar Zentimeter vom Boden ab, schwebt zum Fenster und gleitet auf die Fensterbank. Ganz leise ist er dabei und so leicht wie ein Hauch. Wenn er nicht ein bisschen glühen würde, könnte Tim ihn überhaupt nicht sehen. Und jetzt verdämmert das Glänzen sogar noch mehr. Matter und matter wird es. Nur ein winzig kleines Flimmern spiegelt sich noch auf der schwarzen Fensterscheibe. Es sieht fast so aus, als würde es durch das Glas hindurch nach draußen in die Nacht gleiten.

»Uli, bleib doch hier«, bittet Tim ängstlich.

»Ach, nein«, wispert Uli und dabei wird seine Stimme immer schwächer.

»Aber warum nicht?«

»Weil wir hier eben nicht im Himmel, sondern auf der Erde sind.«

»Na und, das macht doch nichts.«

»Doch, es macht eine ganze Menge. Ich glaube, Himmel und Erde sind zu unterschiedlich. Sieh mal, solange ich bei euch Menschen bin, habt ihr euch nur gestritten, du und Conni.«

Das muss Tim zugeben. Und jetzt schämt er sich deswegen sogar, obwohl er immer noch findet, dass natürlich Conni an allem schuld ist. Sie ist auch schuld daran, wenn Uli jetzt geht. Aber er möchte gerne, dass Uli bleibt. Er möchte, dass es wenigstens in seinem Kinderzimmer ein bisschen so ist wie im Himmel. Aber er weiß nicht wie.

»Versuch doch bloß mal mit Streiten aufzuhören«, schlägt Uli vor.

»Aber das geht nicht, weil Conni ...«

»Ach, immer Conni.« Uli hört sich sehr bedrückt und schon sehr weit weg an. Tim muss seinen Kopf vom Kissen hochheben und sich aufrecht ins Bett setzen, um ihn überhaupt noch zu hören. Traurig beobachtet er das letzte Engelslichtlein hinter der Fensterscheibe. Doch plötzlich blitzt es wieder auf, wächst, kommt näher, nimmt Gestalt an und sitzt auf einmal auf der Fensterbank, baumelt mit den Beinen, klatscht in die Hände, lacht und freut sich.

»Was ist denn nun los«, wundert sich Tim und setzt sich noch ein bisschen gerader in seinem Bett auf.

»Mir ist ein Licht aufgegangen«, strahlt Uli, »ich weiß nämlich, wie es auf der Erde doch so ein bisschen wie im Himmel werden kann, wie ihr Menschen es schaffen könnt, mit Streiten aufzuhören und wie ihr endlich Frieden halten könnt.«

Tim staunt. Nun ist er aber gespannt.

Uli gleitet von der Fensterbank herunter und hopst ganz ähnlich wie ein Menschenkind von einem Bein auf das andere. Es sieht so aus, als würde er tanzen. Schließlich klettert er zu Tim auf die Bettkante.

»Eigentlich hat es mit Bauer Tiehles Esel zu tun«, schmunzelt er, »und damit, dass er Theobald heißt.«

»Wie bitte?« Tim reibt sich die Augen. Was hat denn der Esel damit zu tun, dass Conni und er sich nicht vertragen können?

»Es ist ganz einfach«, fährt Uli fort, »Theobald ist nämlich nicht nur einfach ein Name, genauso wenig wie Jesus. Du weißt doch, Jesus ist ein hebräischer Name. Und auf Deutsch bedeutet er: Gott ist nahe bei uns. Und Theobald ...«

»Theobald bedeutet auch etwas, stimmt's?«, fällt Tim dem Engel ins Wort. Der nickt begeistert.

»Klar. Theo ist ein griechisches Wort und auf Deutsch bedeutet es ... Hast du mal ein Lexikon da?« »Ja, ein Schülerlexikon«, sagt Tim, »aber ein Lexikon ist doch kein Wörterbuch.«

»Theo steht bestimmt drin«, verspricht Uli. Also klettert Tim aus dem Bett, knipst seine Schreibtischlampe an und kramt zwischen seinen Schulbüchern herum. Besonders ordentlich geht es dort nicht zu. Deswegen dauert es ein Weilchen, bis Tim endlich sein Lexikon findet.

»T ... TH ... « murmelt Tim und blättert in dem dicken Buch. Endlich hat er etwas gefunden. » Hier steht nur Theo-logie. «

» Und, was bedeutet das? « Uli beugt sich aufgeregt nach vorne. Beinahe purzelt er von der Bettkante herunter. Aber weil Engel fliegen können, fällt er nicht.

» Lehre von Gott «, liest Tim.

» Da haben wir es, Theo bedeutet also Gott «, freut sich Uli.

Doch Tim ist enttäuscht. » Und was hat Gott mit Bauer Tiehles Esel zu tun? «

» Theo-bald, Gott-bald «, übersetzt Uli, » verstehst du, es könnte heißen: Gott kommt bald. Und zwar – lass mich rechnen – in genau 14 Tagen, denn da ist Weihnachten. Und an Weihnachten kommt Gott vom Himmel auf die Erde, weil da sein Sohn geboren wird. Und der zeigt den Menschen, wie es im Himmel ist und wie sie aufhören können, dauernd zu streiten. «

» Und wie können sie aufhören? « Tim kapiert immer noch nicht.

» Indem sie sich untereinander lieb haben, wie Gott die Menschen lieb hat. «

» Aha «, sagt Tim und überlegt. Uli redet ihm kein bisschen dazwischen. Er sitzt nur einfach da, strahlt hell wie ein Stern und wartet. Er muss lange warten. Doch schließlich strahlt auch Tim.

» Das heißt, ich brauche Conni nur ein bisschen lieb zu haben, dann streiten wir nicht mehr? «

» Probier es aus «, lacht Uli. Und das nimmt Tim sich auch vor.

Doch eine Frage hat er immer noch. Er möchte zu gerne wissen, ob Bauer Tiehle nun einen Esel hat oder nicht und ob man vielleicht doch auf ihm reiten kann.

» Probier es aus «, antwortet Uli wieder und lacht. Und das möchte Tim am liebsten sofort.

Tim überlegt, wie er Conni zeigen kann, dass er sie mag. Vielleicht hast du auch jemanden sehr gerne und möchtest ihm das zeigen. Das kannst du am besten mit einem Herzen. Tim jedenfalls faltet roten Karton und schneidet ein doppeltes Herz daraus. Die Spitze des Herzens befindet sich an der Faltkante und verbindet die beiden Herzen miteinander. Diese Spitze darf nicht spitz, sondern sollte möglichst stumpf werden. Nun klebt Tim die Seiten der beiden Herzen aufeinander und drückt sie vorsichtig gegeneinander. So entsteht ein kleines Körbchen, in das er eine Süßigkeit legen kann, die Conni besonders mag. Oben, zwischen die beiden Herzrundungen, bohrt er jeweils ein kleines Loch, zieht Bast hindurch und verknotet ihn zu einem Henkel. So kann er das Körbchen an die Türklinke zu Connis Kinderzimmer hängen. Sie wird bestimmt staunen, wenn sie Tims Herzkörbchen entdeckt.

Und wo hängst du dein Körbchen auf?

10. Dezember

11. Dezember
Was ist ein
Adventesel ?

Woher kann Tim wissen, ob Papa ihm etwas vorgeflunkert hat oder ob Bauer Tiehle doch einen Esel hat? Und wie kann er herausfinden, ob man auf Eseln reiten kann oder nicht? Tims Engel Uli jedenfalls behauptet steif und fest, dass man kann, vorausgesetzt, der Esel ist damit einverstanden. »Ich möchte mal wissen, woher du das so genau weißt. Gibt es etwa im Himmel Esel?«, fragt Tim.

»Klar. Der ganze Himmel wimmelt nur so von Tieren: Löwen und Adler und Ameisen und ... Schafe, Schafe gibt es ganz viele ... und natürlich auch Esel. Aber unsere Esel sind nicht störrisch, sondern lieb. Und das kommt daher, weil keiner sie zwingt, irgendetwas zu machen, was sie nicht möchten. Zum Beispiel schwere Säcke tragen.«

»Aber dafür sind doch Esel da«, fällt Tim ihm ins Wort.

Es ist mitten in der Nacht. Doch Tim kann nicht schlafen. Keiner könnte schlafen, wenn bei ihm auf der Bettkante ein Engel sitzt. Und Uli, der ja selber niemals müde wird, freut sich so, dass er bei den Menschen einen Freund gefunden hat, dass er gar nicht daran denkt, dass Menschenkinder schlafen müssen. Und deshalb erzählen die beiden miteinander. Aber manches, was Uli vom Himmel berichtet, kann Tim nicht verstehen. Zum Beispiel die Sache mit den Eseln.

»Also«, beginnt Uli, »ich werde es dir erklären, und weil gerade Advent ist, erzähle ich dir vom Adventesel.«

Tim lacht. Von einem Adventesel hat er noch nie gehört. Gekränkt senkt Uli seinen Kopf. »Nun lachst du mich aus, obwohl du es selber nicht magst, wenn du ausgelacht wirst«, beschwert er sich, »außerdem lachst du nur, weil du es auch nicht besser weißt.«

Das muss Tim zugeben. Und dann tut er etwas, was er sich schon lange von Conni wünscht, wenn sie sich über ihn lustig macht: Er entschuldigt sich. Sofort strahlt Uli. »Das ist fast so wie im Himmel. Ich glaube, Weihnachten rückt immer näher.«

»Wie bitte?«, wundert sich Tim.

»Ich meine, wenn du dich entschuldigst, dann zeigt das, dass du Frieden halten willst. Und Frieden ist wie der Himmel auf Erden. Und wie und wann und warum und überhaupt kommt der Himmel auf die Erde?«

»An Weihnachten natürlich«, lacht Tim, »aber das brauchst du mir nicht schon wieder erklären. Erzähl mir lieber vom Adventesel.«

»Ja, richtig«, schmunzelt Uli, zieht seine Beine auf die Bettkante und stützt seine Ellenbogen auf die Knie. Mit der einen Hand rauft er sich seine silbernen Engelhaare, mit der anderen zupft er an seinem Ohr, denn Uli denkt scharf nach. Er will Tim ja nichts Falsches erzählen. Doch weil er ordentlich am Ohr zupft, fällt ihm auch gleich die Geschichte aus dem Lukasbuch ein. Er hat sie ja oft genug im Spiegelsaal der Himmelsbibliothek nachgelesen.

»Also«, beginnt er, »Maria und Josef kennst du ja schon.«

»Klar, das sind die beiden Verlobten aus Nazareth«, erinnert sich Tim.

»Ja, doch inzwischen haben sie geheiratet. Maria lebt jetzt nicht mehr bei ihren Eltern, sondern bei Josef, gleich neben seiner Schreinerwerkstatt. Es lebt sich hübsch dort. Maria hält das Haus in Ordnung, kocht und kauft ein, und Josef baut die schönsten Schränke, Truhen, Wagen und Türen. Also ist alles gut. Im Dorf regt sich keiner mehr darüber auf, dass Maria ein Baby bekommt. Sie ist ja jetzt verheiratet. Ihr Bauch ist schon kugelrund. Jeder kann sehen, wie das Baby in ihr wächst. Und viele freuen sich mit ihr. Am meisten aber Joseph.«

»Na prima. Aber wo bleibt denn nun der Adventesel?«, erinnert Tim.

»Der kommt jetzt«, sagt Uli, »denn jetzt wird es spannend. Maria und Josef konnten nicht einfach friedlich vor sich hin leben. Sie mussten nämlich raus aus ihrem Haus.«

»Warum sind sie denn umgezogen?«, fragt Tim.

»Sie sind nicht umgezogen. Sie mussten nur mal für ein Weilchen in eine andere Stadt, weil es der König befohlen hatte«, erklärt Uli.

»Was denn für ein König?«

»Na, der, der damals herrschte.«

»Aber ich denke, das kleine Baby, das Maria zur Welt bringen würde, sollte König sein. Das hast du selber gesagt.«

»Ja, es ist auch der König, nämlich, weil es Gottes Sohn ist. Aber damals lebte eben auch noch ein anderer König.«

»Dann gab es also zwei Könige? Das ist aber komisch«, wundert sich Tim.

»Nun unterbrich mich doch nicht dauernd. Ich komme noch ganz durcheinander«, ruft Uli. Aber Tim schüttelt sich. Fast glaubt er, dass der Engel Uli es auch nicht genau weiß. Und allmählich zweifelt Uli sogar selber. Hätte er mal lieber Gabriel gefragt. Aber nein, er musste ja unbedingt und zwar sofort auf die Erde zu den Menschen. Und nun kann er noch nicht mal einem Jungen erklären, wie es dazu kam, dass die Menschen Weihnachten feiern, und auch nicht, was ein Adventesel ist. Doch gerade rechtzeitig blitzt in seinem Kopf eine Idee auf. Er braucht ja Gabriel gar nicht fragen. Schließlich gibt es ja das Lukas-Buch und da steht die Geschichte, wie Gott zu den Menschen kommt, genau drin. Tim hat wahrscheinlich kein eigenes Lukas-Buch. Denn wenn er eins hätte, würde er die Geschichte bestimmt längst kennen. Aber vielleicht besitzt Tims Mama eins oder sein Papa.

»Wenn du so ein dickes, schwarzes mit Gold am Rand meinst«, überlegt Tim, »das kann ich holen. Aber es ist ziemlich langweilig. Es sind nicht einmal Bilder darin.«

»Bilder braucht es auch nicht. Die entstehen nämlich in deinem Kopf, wenn du in dem Buch liest. Und langweilig ist es überhaupt nicht. Was glaubst du, wie viel spannende Geschichten darin stehen. Ich könnte dir stundenlang davon erzählen«, schwärmt Uli.

Doch Tim schüttelt sich schon wieder.

»Das habe ich gerade gemerkt. Du kennst sie ja selber nicht richtig.«

»Doch, doch, doch, lies doch nach …«, ruft Uli und stampft mit seinen Engelfüßen auf die Bettdecke. Also schlüpft Tim aus seinem Bett, tapert durchs dunkle Kinderzimmer, auf den Flur hinaus, die Treppe hinunter. Die Eltern schlafen längst. Ruhig ist es im Haus. Nur manchmal knackt es irgendwo und gespenstische Schatten huschen über die Wände. Das gefällt Tim überhaupt nicht. Wenn der Engel ihm nicht ein bisschen geleuchtet hätte und immer dicht hinter ihm geblieben wäre, dann wäre Tim sofort und ganz schnell wieder unter seine Decke gekrochen. Aber nun hat er schon das Wohnzimmer erreicht. Hier steht das Bücherregal. Es ist so groß und hoch, dass es eine ganze Wand ausfüllt.

»Hier sieht es ein bisschen aus wie in unserer Himmelsbibliothek«, freut sich Uli.

Er entdeckt zwischen den vielen Büchern auch sofort das dicke schwarze mit dem Goldrand. Nur leider steht es ganz oben im Regal. Tim reicht nicht herauf. Also muss Uli es holen. Für ihn ist das nicht schwer, denn er kann ja fliegen. Als er es zwischen anderen Büchern herauszieht, bufft ein kleines Staubwölkchen hinterher.

»Darin hat wohl lange keiner mehr gelesen«, meint Uli bekümmert und pustet den Staub vom Buchdeckel. Dann trägt er es sacht zum Boden und legt es vor Tim auf den Teppich. Und weil Tim wahrscheinlich keine große Ahnung vom Lukas-Buch hat, deshalb schlägt Uli lieber selber die richtige Seite auf.

»Zweites Kapitel«, liest er. Und dann beugt er sich so weit über die Seiten, dass er sie mit seinem Glänzen und Strahlen wie eine Lampe beleuchtet. Nun kann Tim gut selber lesen. Aber er entdeckt nichts von dem, was Uli erzählt hat. Im Buch steht nichts von Josefs Schreinerwerkstatt und auch nicht, wie Maria einkaufen ging, und schon gar nichts von einem König. Nur von einem Kaiser liest Tim. Und dieser Kaiser hieß Augustus.

»Genau, den meine ich«, triumphiert Uli, »und das mit

dem Einkaufen und der Werkstatt, das kann man sich ja wohl denken, oder?«

»Na ja, es ist schon möglich, dass es so gewesen ist, wie du erzählt hast. Aber ich verstehe nicht, was dieser komische Kaiser in der Geschichte zu suchen hat«, wendet Tim ein.

»Der hat dafür gesorgt, dass Maria ihr Baby nicht in Nazareth, sondern in Bethlehem bekam«, erklärt Uli. »Es war nämlich so, dass Gott den Menschen schon viele Jahre vorher versprochen hatte, dass er ihnen seinen Sohn schickt. Er hat ihnen gesagt, sie sollten auf Bethlehem achten, denn dort sollte er zur Welt kommen. Nun hatte Gott sich aber eine Frau aus Nazareth ausgesucht. Doch damit Gottes Versprechen wirklich eintreten konnte, musste Maria irgendwie nach Bethlehem kommen.«

»Und dieser Kaiser hat dafür gesorgt?«, will Tim wissen.

»Genau. Der wollte nämlich schon lange mal wissen, wie viele Leute in seinem Land leben. Deshalb ließ er sie zählen. Und damit das ein bisschen einfacher für seine Zähler wurde, hat er allen seinen Untertanen befohlen, in die Stadt zu reisen, in der sie auf die Welt gekommen waren. Und stell dir vor: Bethlehem war Josefs Geburtsstadt. Also musste er dorthin. Und Maria natürlich mit ihm mit.«

»Na gut«, nickt Tim, »bis dahin habe ich alles verstanden. Nur würde ich jetzt endlich gerne wissen, was ein Adventesel ist.«

»Ja, was glaubst denn du? Als Maria und Josef nach Bethlehem zogen, konnten sie nicht einfach in ein Auto steigen, so wie ihr heute. Autos gab es nämlich damals noch nicht. Und Eisenbahnen und Fahrräder und Rollschuhe auch nicht. Und weil Maria nicht die ganze Zeit laufen konnte mit ihrem dicken Babybauch, deshalb ist sie auf einem Esel geritten.«

»Und nun meinst du, weil das alles mitten im Advent passierte, deshalb ist dieser Esel ein Adventesel?«, fragt Tim. »Das ist doch wohl logisch, oder?«, fragt Uli zurück.

»Kann sein«, stimmt Tim zu. »Was meinst du, ob Theobald auch ein Adventesel ist?«

»Wenn er jemanden ganz freiwillig durch die Gegend trägt, dann vielleicht«, überlegt Uli, »und außerdem ist ja jetzt auch Advent.«

12. Dezember
Die Traumreise

Tim ist so müde, dass sein Kopf beim Frühstück dauernd vornüber kippt. Beinahe stippt seine Nase in die Kakaotasse. Gerade noch rechtzeitig kann er sich aufrichten. Nun wackelt sein
Kopf einmal nach vorne und einmal nach oben. Das sieht so
lustig aus, dass Conni sich kaputtlachen will.

»Du nickst wie ein Hampelmann«, gluckst sie. Kein Wunder, denkt Tim. Er hat nämlich in dieser Nacht kaum ein Auge
zugetan, weil er so lange mit Uli, seinem Engel, erzählt hat.
Und als er dann endlich einschlief, hat er von Theobald geträumt. Theobald ist der Esel vom Bauer Tiehle. Das jedenfalls hat Papa erzählt. Und vielleicht ist Theobald sogar ein
Adventesel, hat Uli vermutet. Nun würde Tim diesen Theobald zu gerne mal kennen lernen. Aber erstens ist es ein weiter Weg bis zum Bauern Tiehle, zweitens hat Tim diesen Weg
noch nie alleine zurückgelegt, drittens muss er heute Vormittag erstmal zur Schule und viertens ist er so hundemüde, dass
er sich sowieso kaum von der Stelle rühren kann. Egal, irgendwie muss er diesen Tag durchhalten. Erst einmal schleppt er
sich zur Schule. Conni zieht und zerrt ihn von einer Straßen-
ecke bis zur nächsten, damit sie nicht zu spät kommen. Im
Klassenzimmer sinkt Tims Kopf dauernd auf die Tischplatte.
Verwundert schüttelt sein Lehrer den Kopf.

»Du hast gestern Abend wohl zu lange ferngesehen?«, fragt
er und nimmt sich vor, am nächsten Elternabend darüber zu
sprechen, wie nötig Kinder ihren Schlaf brauchen und dass es
genügt, wenn Kinder sich am Nachmittag die Kindersendun-
gen anschauen. Er kann ja nicht wissen, dass Tim einen Engel
hat, obwohl der Engel gleich neben Tim auf der Tischkante

sitzt. Der Lehrer kann ihn ja nicht sehen. Er kann auch nicht sehen, wie Uli Tim immer wieder anstupst, damit er bloß nicht einschläft. Irgendwie schafft Tim das auch und irgendwie bekommt er sogar ein bisschen vom Unterricht mit. Aber als er mittags nach Hause kommt, kann er seine Müdigkeit nicht mehr zurückhalten. Kaum hat er sein Mittagessen hinuntergeschlungen, schleicht er in sein Zimmer und plumpst auf sein Bett. Und sofort fallen ihm die Augen zu.

»He, Tim, nicht einschlafen«, ruft Uli und rüttelt und schüttelt an Tims Schulter, »ich denke, du wolltest endlich einen Adventsesel kennen lernen. Los, aufstehen!«

Verwundert klappt Tim seine Augen auf, reibt sie sich, fährt sich durch die Haare und ist plötzlich so putzmunter, als hätte er mindestens drei Stunden tief und fest geschlafen. Vor Freude klatscht Uli in die Hände.

»Los, los, Beeilung«, sagt er und schwebt Tim voraus zur Tür hinaus. Im Haus ist es so still, als wären alle unterwegs. Selbst in Connis Zimmer ist es leise. Unbemerkt können Tim und Uli das Haus verlassen. Draußen scheint die Sonne. Das Wetter ist kein bisschen so, wie es im Dezember sein soll, kein Schnee, kein Matsch, nicht mal Wind. Im Gegenteil, es ist fast so warm wie im Sommer. Tim knöpft seinen Anorak auf und schiebt die Ärmel nach oben. Aber es ist ihm immer noch zu heiß. Deshalb zieht er den Anorak ganz aus und seinen dicken Winterpullover auch und bindet sich beides um den Bauch.

»Wohin nun?«, fragt er und schaut sich unschlüssig um. Er weiß, dass sie eigentlich zur Straßenbahnhaltestelle laufen müssten, denn der Weg zum Bauern Tiehle ist so weit, dass man mit der Straßenbahn dorthin fahren muss. Aber Tim traut sich nicht alleine Straßenbahn zu fahren. Bisher waren immer die Eltern dabei oder wenigstens Conni. Und wenn er nun alleine fährt, dann könnte er in eine falsche Linie einsteigen und irgendwo am anderen Ende der Stadt landen. Und wie soll er dann nach Hause zurückfinden?

»Du hast doch mich«, tröstet ihn Uli. Er kommt sich fast schon wieder wie ein Schutzengel vor. Jedenfalls wird er nun auf Tim aufpassen. Und er wird ihm zeigen, dass er sich nicht fürchten muss. Tim braucht nämlich gar nicht Straßenbahn fahren, wenn sie beide wie Engel reisen. Sie müssen nur ein bisschen träumen und schwups sind sie am Ziel. Uli hofft jedenfalls, dass das Traumreisen auch auf der Erde klappt. Also: Augen zu und fest an den Eselstall gedacht. Tatsächlich, es klappt. Noch bevor Tim und Uli die Augen öffnen, flattert ihnen schon der Duft nach Esel und Mist und Heu und Stroh in die Nase. Neugierig schauen sie sich den Stall an, doch eigentlich hat ihn Tim anders in Erinnerung. Bauer Tiehles Ställe sind riesig groß, gemauert und geweißt, mit Türen, die man oben aufklappen kann und einem Dach aus roten Ziegeln. An den Wänden hängen Pferdegeschirre und überall stehen Eimer und Mistgabeln und Stiefel herum. Doch dieser Stall sieht ganz fremd aus. Er ist klein und aus Holz und das Dach ist mit Stroh gedeckt. Die Tür ist niedrig und steht halb offen. Von drinnen dringt warmer Stallgeruch und das Schnauben und Scharren der Tiere.

»Ich glaube, hier sind wir falsch«, überlegt Tim. Aber Uli hört gar nicht auf ihn. Er ist begeistert, hopst dreimal um den Stall herum und springt einmal über das Dach.

»Ach, hätten Maria und Josef bloß gewusst, wie einfach das Reisen ist«, singt er, »sie hätten nicht tagelang durch die Hitze wandern müssen.«

»Hier ist es aber auch ganz schön heiß«, bemerkt Tim und wischt sich den Schweiß von der Stirn.

»Ja, genauso wie in Israel. Da regnet es selten und schneit fast nie«, lacht der Engel, »aber nun lass uns hineingehen und den Adventesel begrüßen.«

Ach ja, der Adventesel. Neugierig schlüpft Tim durch die Tür und Uli quetscht sich hinterher. Doch drinnen ist kein Esel, sondern ein Ochse. Er liegt ausgestreckt im Stroh und sieht sehr erschöpft aus. Aber als Uli ihn sanft am Ohr zieht, hebt er seinen Kopf.

»Muh«, schnauft er, »schon wieder Besuch.«

Erschrocken bleibt Tim neben der Tür stehen. Der Ochse kann ja sprechen. Besser, er geht erst einmal nicht zu dicht heran. Aber Uli scheint sprechende Tiere normal zu finden.

Jedenfalls hockt er sich dicht neben den Ochsen und krault ihn zwischen den Hörnern.

»Warum bist du denn so müde und wer hat dich denn schon besucht?«, fragt er mitleidig.

»Ein Mann und eine Frau«, erzählt der Ochse, »völlig erschöpft waren die beiden und ganz verschwitzt. Deshalb hatte ich nichts dagegen, dass sie ein bisschen bei mir ausruhten. Ärgerlich war nur, dass ich auch noch für ihren Esel Platz machen musste. Außerdem bekam die Frau mitten in der Nacht ein Baby. Da habe ich natürlich kein bisschen schlafen können. Du weißt ja, wie neugeborene Babys sind. Sie schreien. Und dann war auch sonst noch allerhand los hier im Stall. Und jetzt kommt ihr noch. Wollt ihr euch etwa auch das Baby anschauen? Da kommt ihr zu spät. Das ist nämlich mit seinen Eltern längst fort.«

»Nein, eigentlich suchen wir den Esel«, erklärt Uli.

»Ach, der Esel. Ich denke, das Baby ist die Hauptperson«, wundert sich der Ochse. »Ist es auch«, stimmt Uli zu, »aber du weißt ja, wie die Menschen sind«; er winkt zu Tim herüber.

Tim fühlt sich sehr unbehaglich. Will Uli etwa andeuten, dass er nicht unterscheiden kann, was wichtig und was unwichtig ist? Er muss ihn einmal danach fragen und auch, warum ein Baby wichtiger ist als ein Esel.

Aber Uli scheint seine Gedanken gelesen zu haben.

»Das Baby ist wichtiger als alles andere auf der Welt, weil es Gottes Sohn ist«, murmelt er. Der Ochse sagt ein langes Muh dazu, was Tim viel lieber ist, als wenn er spricht. Und lieb wäre es ihm auch, wenn er endlich wieder da wäre, wo er hingehört. Jetzt ist Tim nämlich fest davon überzeugt, dass er auf gar keine Fall beim Bauern Tiehle, sondern in irgendeinem merkwürdigen Traum gelandet ist. Bestimmt passiert so etwas manchmal auf Traumreisen. Um ganz sicher zu gehen, kneift er sich ein paarmal kräftig in den Arm. Doch es tut überhapt nicht weh. Also träumt er wirklich. Doch jetzt würde er gerne wieder aufwachen. Er hat genug von sprechenden Ochsen. Viel schöner wäre es, wenn anstatt eines Ochsen seine Schwester

Conni mit ihm reden würde. Conni? Nanu, warum gerade Conni? Mit der streitet er sich doch sonst immer. Merkwürdig, dass es ihn trotzdem freuen würde, gerade jetzt ihre Stimme zu hören.

»Na gut, wenn du willst, dann schließ die Augen«, befiehlt Uli, der schon wieder Tims Gedanken gelesen hat. Er streicht dem Ochsen noch einmal über den Hals. Dann schwebt er lautlos zu Tim und legt ihm eine Hand auf die Schulter.

Plötzlich spürt Tim, wie die Hand auf seiner Schulter rüttelt und schüttelt.

»Aufwachen«, ruft Conni, »du hast drei Stunden lang tief und fest geschlafen. Es ist schon fast Abend. Papa ist längst zu Hause und zündet gerade die Kerzen am Adventskranz an. Wir wollen jetzt basteln. Willst du nicht mitmachen?«

Sofort springt Tim aus dem Bett. Klar will er mitmachen. Hast du auch Lust mitzumachen? Tim jedenfalls ist ganz gespannt.

 *»Was basteln wir denn?«, möchte er wissen.*
»Strohsterne«, sagt Conni und führt ihn ins Wohnzimmer. Dort hat Mama schon die Strohhalme gebügelt und auf dem großen Tisch ausgebreitet. Papa legt zwei Halme zu einem Kreuz übereinander und bindet sie mit Zwirn an dem Schnittpunkt zusammen. Mehrere solcher Kreuze übereinander ergeben einen Stern. In seine Strahlen schneiden die Kinder Zacken oder Spitzen. Sehr hübsch sieht das aus. Stolz hebt Tim seinen ersten Stern hoch, direkt vor seine Nase. Da kommt es ihm plötzlich so vor, als dufte das Stroh ein bisschen nach Stall, nach Heu und nach Ochse und Esel.

13. Dezember
Wie Uli richtig böse wird

Conni schleudert ihre Schultasche in die Flurecke neben die von Tim und schlurft in die Küche. Mama stellt gerade Teller auf den Tisch.

»Was gibt's denn zum Mittag?«, fragt Conni, beugt sich über den Herd und linst unter einen Topfdeckel. Sofort dampft ihr heißer Kartoffeldunst ins Gesicht. In der Pfanne schmurgelt Fisch. »Ih«, sagt Conni und auch Tim kraust die Nase.

»Na hört mal«, schimpft Mama und dicht hinter Tims Ohr flüstert ein Engelstimmchen: »Schämt euch.« Doch Tim hört überhaupt nicht hin, denn schon füllt Mama den Kindern Fisch auf die Teller. Lustlos stochern Conni und Tim darin herum. Aber Mama schaut so streng von einem zum anderen, dass sie lieber stumm ihre Teller leer essen. Zum Glück gibt es zum Nachtisch Wackelpudding. Das versöhnt Conni, so dass sie Tim freundschaftlich in die Seite knufft.

»Hast du Lust mit zum Reiten zu kommen?«, schlägt sie vor. »Und was ist mit Hausaufgaben?«, fragt Mama. Conni zuckt mit den Schultern. »Keine auf«, erklärt sie, »es sind doch bald Ferien. Da passiert nicht mehr so viel in der Schule.« Tim nickt und stimmt ein Freudengeheul an wie ein wild gewordener Indianer. Reiten will er nicht, aber unbedingt mitkommen. Denn wenn Conni heute reitet, dann fährt sie zum Bauern Tiehle, und wenn sie Tim mitnimmt, dann kann er endlich mal den Esel Theobald kennen lernen.

»Ich komm natürlich auch mit«, flüstert Uli.

»Meinetwegen«, seufzt Tim, »aber bloß nicht wieder träumen.«

»Was meinst du denn damit?«, fragt Conni. Da schmunzelt Tim geheimnisvoll, schlingt rasch seinen Fisch und das letzte Kartoffelstückchen hinunter und flüstert Conni zu: »Ich zeig's dir gleich.« Jetzt endlich soll Conni seinen Engel Uli kennen lernen. Gleich will er sie in sein Zimmer zerren und ihm Uli vorstellen. Aber Mama hält die Kinder zurück.

»Erst wird die Küche in Ordnung gebracht und eure Schulsachen aufgeräumt.«

»Och«, murrt Conni, »dann ist der halbe Nachmittag rum.«

»Unsinn«, winkt Mama ab.

Aber Conni bleibt stur. »Mit der Straßenbahn dauert es so lange.«

»Genau«, stimmt Tim ihr zu. »Mama, du musst uns unbedingt mit dem Auto hinbringen.«

»Nein, muss ich nicht, die Straßenbahn ist schnell genug und bequem außerdem. Und nun Schluss. Jetzt wird aufgeräumt. Hier sieht es aus wie in einem Schweinestall.«

»Oder wie in einem Ochs- und Eselstall«, meint Tim und hopst um den Küchentisch herum. Verwundert schüttelt Conni den Kopf.

»Und was soll das wieder bedeuten?«, fragt sie.

»Gleich erzähl ich es dir«, verspricht Tim, schnappt sich einen Teller und lässt ihn in der Spülmaschine verschwinden. Vor lauter Neugier mault Conni kein bisschen, sondern reicht ihm gleich die anderen Teller hinterher. Und dann sind sie endlich entlassen. Aufgeregt zerrt Tim seine Schwester ins Kinderzimmer, pfeffert seinen Schulranzen unter den Schreibtisch und stellt sich selber davor. Und dann flüstert er. »Uli?« Nichts. »Uli«, flüstert Tim noch einmal. Conni grinst.

Doch plötzlich scheint auf der Fensterbank ein Licht auf, erst ganz schwach, dann immer heller, so, als würde ein Sommersonnenstrahl durchs Fenster blitzen. Vor Staunen steht Conni der Mund offen. Vor dem Fenster zappelt, noch fast durchsichtig, in wehendem Nachthemd und mit silbrig sprühenden Haaren, barfuß und wild mit den Händen fuchtelnd, ein fremdes Wesen. Es sieht sehr wütend aus.

13. Dezember

»Ist das dein Engel?«, wispert Conni, »ich dachte, Engel sind lieb und sanft und ...«

»Quatsch«, poltert Uli los, »Engel können genauso zornig werden wie Menschen, besonders, wenn sie sich so einen Un-sinn anhören müssen wie ich eben.«

»Wieso das denn?« Verblüfft schauen Conni und Tim sich an.

»Erstens, weil ich niemandem gehöre außer Gott, zweitens ist ein Ochs-und Eselstall blitzordentlich, was man von euren Kinderzimmern nicht behaupten kann, und drittens finde ich eure Mäkeleien ganz fürchterlich.«

»Aber ...«, versucht Tim sich zu verteidigen. Doch Uli fährt dazwischen. »An Fisch gibt es gar nichts auszusetzten: Maria und Josef wären froh gewesen für so ein Mittagessen. Denkt mal, die hatten während ihrer langen Reise wahrscheinlich nicht mal Zeit, sich überhaupt was Warmes zu kochen. Und apropos Rei-se. Denkt ihr, die hätten wenigstens eine Straßenbahn benut-zen können? Und ihr beide wollt sogar mit dem Auto kutschiert werden. Maria und Josef dagegen mussten laufen oder konnten höchstens mal ein Stückchen auf ihrem Esel reiten und zwar eine ganze Ecke weiter als nur bis zum Bauern Tiehle ...«

»Ach, nun fängst du schon wieder mit Maria und Josef an«, murrt Tim.

»Ja natürlich«, schnaubt Uli, »es ist ja auch Advent. Oder hast du das schon wieder vergessen?« Und dann empört er sich noch eine Weile darüber, wie vergesslich die Menschen sind. Er zappelt und strampelt und sprüht vor Ärger. Conni beobachtet ihn bestürzt. Zu so einem Engelwutausbruch fällt ihr überhaupt nichts ein. Deshalb sinkt sie erst einmal auf den Boden, kreuzt ihre Beine zum Schneidersitz, stützt ihre Ellen-bogen auf die Knie und legt ihr Kinn in die Hände. Tim lässt sich neben sie plumpsen. »Jetzt verstehe ich gar nichts mehr«, sagt Conni. Da wird Uli plötzlich still. Stimmt ja, Conni weiß ja überhaupt nichts von dem, was er mit Tim zusammen erlebt und besprochen hat. Sie hat ihn, den Uli-Engel, ja gerade eben erst kennen gelernt. Und was muss sie nun von ihm denken, wo er sich so ungeduldig und ärgerlich aufgeführt hat. Viel-leicht meint sie jetzt sogar, alle Engel wären so wie er. Verlegen zupft Uli an seinem Ohr. Dabei fällt ihm ein, dass er Conni einfach alles erzählen könnte. Leise wie ein warmes Lüftchen schwebt er von der Fensterbank herunter. Sein Gesicht hellt sich ein bisschen auf, und als er nun zu reden beginnt, klingt seine Stimme viel freundlicher. Er kniet sich genau vor Conni nieder und dann berichtet er von Maria, von Josef und dass die beiden ihre Heimat verließen und in Josefs Geburtsstadt Bethlehem reisen mussten, weil der Kaiser Augustus unbedingt alle seine Untertanen zählen wollte. Mit weit aufgerissenen Augen hört Conni zu.

»Das alles ist kurz vor Weihnachten passiert. Und die Zeit kurz vor Weihnachten ist Advent. Und Advent ist jetzt«, schließt Uli, »und deshalb fange ich immer wieder von Maria und Josef an und von ihrem Baby. Das Baby ist überhaupt das Wichtigste von allem, denn das nämlich an Weihnachten Geburtstag.«

Conni bringt immer noch keinen Pieps heraus. Deshalb erzählt Uli ihr auch gleich von der Himmelsbibliothek, vom Lukasbuch, vom Adventesel und warum er überhaupt auf die Erde gekommen ist. Nun spitzt auch Tim die Ohren, denn darüber hat Uli ihm auch noch nichts gesagt.

»Eigentlich wollte ich nämlich was über Geburtstage erfahren«, erklärt Uli, »weil ich selber keinen habe, weil Engel nämlich kein Alter haben. Aber Gottes Sohn Jesus hat Geburtstag und das ist Weihnachten. Und weil ihr Menschen jeden Geburtstag feiert, sogar den von Jesus … und weil ich das unbedingt miterleben wollte, deshalb habe ich mich auf die Erde geträumt.«

»Ja, ja, über deine Traumreisen weiß ich Bescheid«, nickt Tim. Doch Conni kann nur staunen. Richtig, Weihnachten ist ja ein Geburtstag. Jetzt fällt es ihr wieder ein. Sie haben ja am Anfang der Adventszeit mit Mama Geburtstagskerzen gebastelt. Zwei davon leuchten nun jeden Abend am Adventskranz. Aber zu einem richtigen Geburtstag gehört außerdem noch ein Geburtstagskuchen.

»Von Geburtstagskuchen habe ich in den Menschengeschichten gelesen«, erklärt Uli, »ob Jesus auch einen bekommt?«

»Nicht direkt«, überlegt Conni, »aber wir backen im Advent Weihnachtsplätzchen.«

Gerade will sie Uli erklären, was Plätzchen sind und dass sie so gut schmecken, dass nicht einmal sie und Tim daran herummeckern. Doch da springt die Kinderzimmertür auf. Mama schaut herein. Uli kann sich gerade noch rechtzeitig hinter Tims Kleiderschrank quetschen.

»Ich dachte, ihr wolltet zu Bauer Tiehle fahren«, sagt sie.

Ach du Schreck, das haben die Kinder ganz vergessen. Nun ist der Nachmittag fast vorüber.

»Fahren wir eben morgen«, schlägt Conni vor. Darüber ist Tim enttäuscht. Nun muss er noch eine Nacht schlafen, bis er Theobald, den Esel, kennen lernt. Aber Mama tröstet ihn. »Ich habe Butterteig angerührt«, sagt sie, »wenn ihr wollt und mir hinterher beim Aufräumen helft, könnt ihr Plätzchen ausste-chen.«

»Das trifft sich ja gut«, strahlt Conni und Tim zwinkert Uli zu, der hinter dem Kleiderschrank hervorlugt. »Komm mit in die Küche«, flüstert er, »dann kannst du selber se-hen, was Plätzchen sind. Und wenn du wartest, bis sie fertig gebacken sind, probierst du sie mal.« Sofort schaltet Uli sein Licht herunter und folgt den Kindern unsichtbar in die Küche.

 *Die Plätzchen, die er nun kennen lernt, kannst du ganz einfach nachbacken:*
Nimm 200 g Butter, 100 g Zucker, 3 Eigelb, 250 g Mehl, 1 Teelöffel Backpulver und 1 Päck-chen Vanillezucker und verknete alles zu einem glatten Teig.

Wenn du Zitronensaft oder Kakao und Zimt oder Mandel-aroma hinzufügst, erhältst du jeweils eine andere Sorte Plätz-chen. Roll den Teig aus, stich Figuren aus und backe sie im Herd bei 180 Grad goldgelb. Anschließend kannst du sie mit Zucker- oder Zitronenguss oder mit Eigelb und Zuckerstreu-seln verzieren.

In die Mandelbutterplätzchen kannst du auch vor dem Ba-cken eine Mandel drücken oder verziere sie nach dem Ba-cken mit Marzipan.

14. Dezember
Warum Uli keine Straßenbahn fährt und auch nicht den Esel Theobald kennen lernt

Gestern hat Uli eine große Dummheit gemacht. Er hat sich fürchterlich über Conni und Tim geärgert, einmal, weil sie dauernd alles vergessen und dann, weil sie an allem herummeckern. Und dann hat er wie wild mit ihnen geschimpft. Und das gehört sich nicht für einen Engel. Nun schämt er sich und wagt sich gar nicht mehr hinter dem Kleiderschrank hervor. Ganz enttäuscht hat Tim am Morgen nach ihm Ausschau gehalten. Aber Uli blieb verschwunden. So mussten Conni und Tim ohne ihn zur Schule. Und nun schämt sich Uli zusätzlich, dass er sie alleine ließ. Gut, dass die Kinder ihren Schutzengel haben. Der ist bestimmt nicht so dumm wie Uli und begleitet sie sicher. Aber am Vormittag, als Mama gerade zum Einkaufen fort ist und das Haus still und leer daliegt, da begeht Uli noch eine Dummheit. Und diese Dummheit hat mit den Plätzchen zu tun, die Conni und Tim gestern gebacken haben und von denen Mama einen Teil in eine große Blechbüchse gelegt hat. Den anderen Teil hat sie zusammen mit Mandarinen und Schokoladenherzen auf einen bunten Teller gelegt, und dieser Teller steht nun auf dem Wohnzimmertisch genau neben dem Adventskranz. Der Adventskranz duftet herrlich nach Tanne und Kerzenwachs und die Plätzchen daneben duften noch herrlicher nach Marzipan und Butter und Zimt und Zitrone. Es duftet und duftet und der Duft flattert bis hinter den Kinderzimmerkleiderschrank, wo Uli sich zusammenkauert und daran denkt, wie lecker Plätzchen schmecken. Er hat nämlich gestern ein paar probiert. Und weil Engel niemals etwas vergessen, deshalb kann Uli sich auch sehr gut an den Plätzchengeschmack erinnern. Und wie die Plätzchen nun so verlockend vor sich hinduften, niemand im Haus ist und ihn keiner sehen kann, da krabbelt Uli hinter dem Schrank hervor, schwebt ins Wohnzimmer, schleicht ein paarmal um den Tisch, atmet tief durch die Nase ein, streckt seine Engelhände aus und stibitzt vorsichtig ein Plätzchen mit einer dicken braunen Mandel oben drauf. Ein Plätzchen weniger, das fällt bestimmt nicht auf, denkt er, und vielleicht auch nicht, wenn zwei fehlen. Doch als Uli das dritte und vierte Plätzchen in seinem Mund verschwinden lässt, ist schon eine bedenkliche Lücke auf dem Teller entstanden. Doch die Plätzchen schmecken Uli so gut, dass er gar nicht darauf achtet und gleich noch einmal zulangt. Erst als er den Schlüssel in der Haustür hört und Mamas Schritte im Flur, da stürzt er eilig aus dem Wohnzimmer ins Kinderzimmer und wieder hinter den Schrank. Sein Herz pocht wie wild. Owei, was hat er getan! Natürlich wird Mama sofort den leeren Teller entdecken, und weil sie ja nichts von Uli weiß, wird sie bestimmt Conni und Tim verdächtigen. Aber die sind in der Schule. Also, wie ist es da möglich, dass plötzlich alle Plätzchen verschwunden sind? Zu allem Überfluss beginnt es nun auch noch in Ulis Bauch zu rumoren und zu kneifen. Im Himmel tut Engeln nie etwas weh. Deshalb weiß Uli nicht, wie Bauchschmerzen sind. Aber dass das Zwicken und Zwacken in seinem Magen Bauchschmerzen sein müssen, das kann Uli sich schon denken. Fest presst er seine Hände auf den Bauch. Aber der Schmerz verschwindet nur langsam. Uli bereut es längst, dass er so unvernünftig war.

»Am besten, ich bleibe jetzt nur noch hinter dem Schrank«, nimmt er sich vor. Wenn einer nämlich hinter dem Schrank sitzt, kann er auch nichts anstellen. Aber dann kann er leider auch nichts Schönes erleben.

An diesem Nachmittag nämlich wollen Conni und Tim endlich zu Bauer Tiehle fahren. Uli beobachtet, wie Tim in seine uralten Jeans schlüpft, wie Conni ihren Reiterhelm in ihren Rucksack stopft, wie Mama den Kindern Straßenbahnfahrkarten in die Hände drückt. Schließlich hört er die Haustür klappen. Von draußen klingen die fröhlichen Stimmen der Kinder herein. Uli hört, wie sie sich langsam immer weiter entfernen. Am liebsten wäre er sofort hinter dem Schrank hervorgeschossen, durchs Fenster geschlüpft und hinter den Kindern her geflogen. Aber er hat sich ja vorgenommen, zu bleiben, wo er ist, damit er keine Dummheiten machen kann. Wer weiß, was einem Engel in einer Straßenbahn oder in einem so großen Pferdestall wie dem vom Bauern Tiehle alles einfallen kann. Dabei wäre Uli gerne einmal Straßenbahn gefahren. Und den Esel Theobald hätte er auch gern kennen gelernt. Ob der wohl sprechen kann? So wie der Ochse aus dem gemütlichen Holzstall, den Tim und Uli auf ihrer Traumreise besucht haben? Nein, das kann er nicht. Uli erfährt es, als Tim und Conni am späten Nachmittag heimkehren. Sie sind erschöpft, aber zufrieden, und sie riechen ganz mächtig nach Stall und Pferd.

Müde plumpst Tim auf sein Bett. Und da endlich wagt Uli sich vorsichtig hinter dem Schrank hervor. Leise schleicht er zu Tim und schwingt sich auf die Bettkante.

»Wie war's?«, flüstert er.

»Hallo, Uli, wo hast du nur gesteckt?«, ruft Tim, »schade, dass du nicht mit warst, es war nämlich ganz toll beim Bauern Tiehle. Conni war die ganze Zeit bei den Pferden. Aber ich, ich war beim Esel.«

Gespannt rückt Uli ein Stückchen näher. Tim setzt sich auf und begeistert erzählt er, dass er sogar auf dem Esel geritten ist, dass er überhaupt nicht störrisch, sondern sehr lieb ist, dass er tatsächlich Theobald heißt, dass er leider nicht sprechen kann, aber jedes Wort versteht, das Tim zu ihm gesprochen hat.

»Ich habe ihm vom Adventesel erzählt«, berichtet Tim stolz, »und er hat dazu genickt und IA gesagt, so, als würde er den Esel von Maria und Josef kennen. Dabei kann er das doch gar nicht, denn die Geschichte von Maria und Josef und ihrem Baby ist schon vor zweitausend Jahre passiert. Das hat der Bauer Tiehle uns erzählt. Er hat nämlich gehört, wie ich mit dem Theobald gesprochen habe. Und da hat er uns Kinder zu sich in die Stube eingeladen, und Frau Tiehle hat Kakao gekocht und Adventsplätzchen geholt und dann haben wir von Weihnachten erzählt. Du, die Tiehles kennen die ganze Geschichte haargenau. Bauer Tiehle hat sogar was von ein paar Hirten erzählt, bei denen auch ein Engel gewesen ist. Da habe ich gleich an dich gedacht.«

Tims Augen strahlen vor Begeisterung. Aber Uli wird immer stiller und blasser. Als Tim nämlich Frau Tiehles Adventsplätzchen erwähnte, muss er sofort an die fehlenden Plätzchen im Wohnzimmer denken. Wegen denen wird es bestimmt noch Ärger geben. Und als plötzlich Mama ins Kinderzimmer stürzt, ist er froh, dass er schließlich ganz mit Leuchten aufgehört hat. Rasch kriecht er unter Tims Bettdecke. So muss er nicht Mamas Gesicht anschauen, das bestimmt ganz ärgerlich aussieht. Aber er hört genau, was sie sagt.

»Raus mit der dreckigen Jeans aus dem Bett«, kommandiert sie.

Uli fühlt, wie Tim aufspringt, und dann hört er Stoff, der zu Boden klatscht.

»Die gehört in den Wäschekorb«, sagt Mama und dann fügt sie hinzu: »Wo sind eigentlich die ganzen Plätzchen geblieben?«

Uli bleibt vor Schreck fast das Herz stehen. Er wagt sich nicht zu rühren. Doch irgendwie scheint es ihm, als klinge Mamas Stimme gar nicht so böse. Und als sie dann auch noch meint, die Plätzchen wären ja schließlich zum Essen da und dass die Kinder nur aufpassen sollten, dass sie keine Bauchschmerzen bekämen, da ist Uli so erleichtert, dass er am liebsten einen lauten Juchzer losgelassen hätte. Doch schnell patscht er sich seine Engelhand auf den Mund. Mit der anderen hebt er vorsichtig ein Stück die Decke hoch. Durch den Spalt kann er genau beobachten, was jetzt passiert. Mama lächelt und Tim zieht sich gerade eine saubere Hose an.

»Eigentlich solltest du erst duschen«, sagt Mama und rümpft die Nase. Aber dann nimmt sie ihn an die Hand.

»Komm mal erst mit«, lacht sie, »duschen kannst du dich vor dem Schlafengehen. Ich dachte, jetzt backen wir erst einmal Plätzchen, die ihr nicht wegfuttern könnt.«

Dann zieht sie Tim aus dem Kinderzimmer. Hinter ihnen schnappt die Tür zu. Uli bleibt regungslos unter der warmen Bettdecke. Er hat viel nachzudenken. Was für Plätzchen Mama wohl meint?, überlegt er, und was hat Tim da von Hirten erzählt und von einem Engel, der bei ihnen war? Haben die etwa auch mit Advent zu tun? Und wer war der Engel? Gabriel vielleicht?

Ach, Gabriel, der sitzt jetzt im Himmel im gemütlichen Ohrensessel im Lichtersaal. Auf seinen Knien liegt das Menschenbuch von Conni und Tim, und bestimmt liest er gerade von Ulis Dummheiten. Beschämt schließt Uli seine Augen. Tims Bettdecke ist kuschelig wie eine Wolke und Ulis Gedanken an den Himmel und seinen Freund Gabriel sind lebendig wie ein Fernsehfilm. Uli meint fast, er wäre bei ihm. Er merkt gar nicht, wie er zu träumen beginnt.

 *Conni und Tim backen inzwischen mit Mama Plätzchen. Ich verrate dir gern das Rezept:*
2 Tassen Mehl, 1 Tasse Salz, eventuell 2 Esslöffel Tapetenkleister, aber zur Not geht es auch ohne, dazu so viel Wasser, bis der Teig sich gut kneten lässt. Dieser Teig schmeckt nicht besonders gut und ist auch eigentlich nicht zum Essen gedacht. Aber er lässt sich ausrollen wie ganz normaler Plätzchenteig und auch ebenso ausstechen.

Noch bevor Mama die Plätzchen in den Ofen schiebt, piekst sie mit einer Stricknadel durch jedes oben ein Loch hindurch.

Nach dem Backen ziehen Conni und Tim durch das Loch der ausgekühlten Plätzchen bunte Bänder. Außerdem malen sie noch mit Filzstiften bunte Muster darauf. Anschließend verstaut Mama alles in ihrem Überraschungskarton in der Küchenschublade.

Uli bekommt von alledem nichts mit, und als Tim am Abend frisch geduscht unter seine Decke kriecht, liegt Uli schon längst nicht mehr dort. Wo mag er jetzt bloß wieder stecken?

15. Dezember
Warum die Engel
im Himmel sich freuen

Uli erwacht mitten in wolkenweichen Kissen. Überrascht klappt er die Augen auf. Über sich sieht er einen klaren Sternenhimmel, um sich herum weiße Wände, kein Kinderzimmerschrank und nirgendwo ein Schreibtisch, auf dem sich Schulbücher und Schmierzettel, Buntstifte und Legosteine häufen, nur eine Tür, die sich jetzt lautlos öffnet. Durch diese Tür stürzt jetzt nicht etwa Tim, sondern ... Uli reibt sich die Augen.

»Ich glaub, ich bin im Himmel«, murmelt er. Da gleitet schon der Reisebüroengel an sein Bett. »Gut geschlafen?«, fragt er, »und gut gereist?«

Uli nickt. Da lächelt der Reisebüroengel, schlägt die Decke zurück und hilft Uli aus dem Bett. An der Hand führt er ihn in den Nebenraum, wo die große Weltkugel leuchtet. »Dort bin ich also gewesen«, staunt Uli. Und ein bisschen bedauert er es, dass er schon zurück ist. Die Adventszeit ist noch lange nicht vorüber, und Uli hat das Gefühl, dass er das Wichtigste noch gar nicht miterlebt hat. Das Wichtigste an Advent ist Weihnachten und bis Weihnachten dauert es noch über eine Menschenwoche, genau genommen noch neun Tage. Enttäuscht lässt Uli die Schultern hängen. Aber der Reisebüroengel lächelt ihm aufmunternd zu.

»Es wird schon seine Gründe haben, dass du wieder hier bist«, sagt er.

Uli kann sich diese Gründe genau denken. Er erinnert sich daran, wie ungeduldig er mit Tim war, wie er mit Conni und Tim geschimpft hat, wie Conni nun denken muss, dass Engel ungeduldige, ärgerliche und unversöhnliche kleine Teufelchen sind. Er erinnert sich daran, wie er die beiden einfach allein gelassen hat, und das Allerschlimmste war, wie er heimlich alle Plätzchen weggefuttert und nichts dagegen unternommen hatte, als Mama die Kinder verdächtigte. Und noch etwas fällt ihm ein: Er hat vor lauter Erdenerlebnissen ganz vergessen, seinen Auftrag auszuführen. Gott hat ihn ja nicht zum Urlaubmachen zu den Menschen geschickt. Uli kratzt sich am Kopf und zupft sich am Ohr. Ja, was sollte er eigentlich bei Conni und Tim? Richtig, er sollte ihnen helfen, dass sie verstehen, was Advent und Weihnachten bedeuten. Aber nun muss Uli sich eingestehen, dass er selber noch längst nicht alles verstanden hat. Wie soll er da den Kindern helfen? Vielleicht ist er doch viel zu überstürzt abgereist. Vielleicht hätte er sich vorher ein bisschen besser auf diese Reise vorbereiten sollen.

Nun schämt Uli sich. Bestimmt wird Gott böse auf ihn sein und der Engel Gabriel will sicher nichts mehr von ihm wissen. Doch noch während Uli seinen trüben Gedanken nachhängt, stupst ihn der Reisebüroengel in die Seite.

»Was machst du denn für ein Gesicht?«, lacht er, »du siehst ja aus, als hättest du eine saure Gurke verschluckt. Hast du mir denn gar nicht zugehört?«

Verlegen schüttelt Uli den Kopf.

»Ich glaube fast, du träumst noch. Dabei sollst du ganz schnell in den Lichtersaal kommen. Aber wenn du noch schläfst, ja dann ...«

»Nein, nein«, ruft Uli und reißt weit die Augen auf, »ich bin schon wieder putzmunter. Sag mir nur schnell, was ich im Lichtersaal soll.«

»Dort wartet Gabriel auf dich«, erklärt der Reisebüroengel. Dann klopft er Uli auf den Rücken und schiebt ihn zur Tür hinaus. Uli weiß sofort, in welche Richtung er sich wenden muss, denn wenn ein Engel den Hinweg kennt, dann weiß er auch den Rückweg. Er erinnert sich noch genau an jede Kurve und Ecke, die Gabriel ihn damals zum Himmelsreisebüro geführt hat. Nun braucht er nur den gleichen Weg rückwärts zu gehen und schwups steht er schon in der Himmelsbibliothek. Hinter seinem großen goldenen Schreibtisch sitzt Rafael, der

Bibliotheksengel, und schreibt Notizen in ein dickes Buch. Uli möchte sich am liebsten so unauffällig wie möglich an ihm vorüberschleichen, denn bei Rafaels Anblick denkt er gleich an die dicken Eselsohren, die er in das Menschengeschich- tenbuch von Conni und Tim geknickt hat. Und er erinnert sich auch, wie sehr Rafael sich über Eselsohren in seinen Büchern ärgert. Aber der Bibliotheksengel hat ihn schon entdeckt. Doch er schimpft nicht. Er hebt nur kurz den Kopf, nickt Uli freund- lich zu, murmelt: »Na, schon zurück?«, und vertieft sich wie- der in seine Arbeit. Nanu, wundert sich Uli. Und er staunt noch mehr, als auch Gabriel ihn mit ausgebreiteten Armen emp- fängt.

»Schön, dich zu sehen«, freut sich Gabriel. Er springt aus dem großen Ohrensessel, in dem er gemütlich ein Buch gele- sen hat, und läuft auf Uli zu.

»Aber ... «, stottert Uli. Doch Gabriel lässt ihn überhaupt nicht zu Wort kommen. Er schwebt auf ihn zu und strahlt da- bei so hell wie der Lichterssaal selber. Doch plötzlich besinnt er sich, gleitet zurück zum Ohrensessel, greift das Buch, das er dort zurückgelassen hat und schiebt es in seine Engel- kleidtasche. Bevor es darin verschwindet, kann Uli gerade noch den Titel entziffern. Es ist das Menschengeschichten- buch von Conni und Tim. Also hat Gabriel darin gelesen. Und wenn er bis zum Schluss gelesen hat, dann weiß er über alles Bescheid, auch über Ulis Dummheiten. Trotzdem scheint er kein bisschen ärgerlich zu sein. Jetzt nimmt er Uli sogar an die Hand.

»Hast du Lust mit mir spazieren zu gehen?«, fragt er ihn. Uli nickt. Er weiß, dass man beim Laufen gut miteinander reden kann. Außerdem braucht er Gabriel nicht in die Au- gen zu blicken, wenn er neben ihm geht. Vielleicht kommt nämlich doch noch die Strafpredigt oder, noch viel schlim- mer, vielleicht führt Gabriel ihn jetzt direkt zu Gott. Und dann kann Uli was erleben. Trotzdem drückt er Gabriels Hand ein bisschen fester und lässt sich von ihm aus dem Lichtersaal führen. Erst spazieren die beiden lautlos durch die Bibliothek. Uli achtet darauf, dass er ganz leise ist, damit er andere Engel nicht beim Lesen stört. Er will sich nämlich auf gar keinen Fall wieder dumm oder ungeschickt anstellen. Er ist richtig froh, als er endlich mit Gabriel nach draußen in die Sonne tritt. Schön warm scheint sie ihm auf seine silbernen Locken. Über ihm zwitschern Vögel und manchmal setzt sich einer auf seine Schulter und trällert ihm ein Liedchen ins Ohr. Hasen springen ihm um die Füße und ein Kätzchen streicht ihm um die Beine. Lächelnd beobachtet Gabriel, wie Uli sich herunterbeugt, um es zu streicheln. Doch er sagt nichts, sondern er führt Uli auf eine Wiese, in deren Mitte ein großer alter Apfelbaum seine Äste ausstreckt. Gabriel setzt sich in seinen Schatten und lehnt sich an den rauen Stamm. Uli bleibt vor ihm stehen und schaut sich um. Schmetterlinge flattern zwischen den Blättern und Bienen summen schläfrig in der Luft. Am Rand der Wiese grast friedlich eine Herde Schafe. Ein paar Hunde springen fröhlich um sie herum und spielen Fangen. Wie schön es hier ist, denkt Uli, wenn Conni und Tim das sehen könnten. Sofort würden sie begreifen, wie gut Gott sich alles ausgedacht hat. Ach, du lieber Himmel, beinahe hätte er das selber vergessen. Gut, dass Gabriel ihn hier herausgebracht hat. Denn hier erinnert sich Uli gleich an Gott. Auf der Erde hat er nicht einmal richtig an ihn gedacht.

»Dabei ist Gott doch hier und auf der Erde und überall. Weißt du das nicht?«, fragt Gabriel. Da muss Uli sich schon wieder schämen. Er ist doch wirklich ein dummer Engel. Es wundert ihn sehr, dass Gott nicht schon längst mit ihm geschimpft hat.

»Warum sollte er mit dir schimpfen?«, fragt Gabriel, der ganz auf Engelweise Ulis Gedanken gelesen hat.

»Weil ich doch ...«, beginnt Uli. Und dann sprudelt er alles heraus. Nichts lässt er aus, auch nicht eine einzige Dummheit. Und zum Schluss stammelt er, dass Gott ihn nun sicher nicht Weihnachten bei den Menschen feiern lässt.

»Warum nicht?«, fragt Gabriel.

»Weil er bestimmt böse auf mich ist. Ich habe nicht einmal an ihn gedacht. Ich war nur mit Tim und mit der ganzen schö-

nen Adventfeierei beschäftigt, mit Strohsternen und Plätz-
chenbacken und Eseln und Traumreisen und mit meiner Bes-
serwisserei.«

»Feiern ist schön. Aber dass du darüber Gott vergessen hast,
das ist schlimm«, gibt Gabriel zu. »Doch nun kannst du verstehen, wie es den Menschen geht, und brauchst dich nicht
über sie wundern. Jetzt begreifst du bestimmt, wie gut es ist,
dass Jesus zu ihnen auf die Welt gekommen ist. In der Bibliothek in einem der Bücher im Spiegelsaal habe ich einen hübschen Spruch entdeckt. Darin steht, dass Gott die Menschen
so lieb hat, dass er ihnen seinen einzigen Sohn schickte, damit alle, die an ihn glauben, genauso wie Jesus, Gottes Kinder
sein dürfen.«

»Alle Menschen, auch Conni und Tim«, ruft Uli, »und Gott
ist ihnen gar nicht böse, dass sie ihn vergessen haben?«

»Aber Uli, deshalb ist doch Jesus bei ihnen.«

»Und wenn sie ihn trotzdem vergessen?«, wendet Uli ein.

»Dann feiern sie eben wieder Weihnachten«, antwortet Gabriel, »manchmal erinnern sich Menschen auch während des
Jahres an Gott. Und dann tut es ihnen Leid, dass sie nicht an
ihn gedacht haben. Schnell bitten sie ihn um Entschuldigung
und darüber freut Gott sich am allermeisten und wir Engel
freuen uns mit, und zwar so doll, dass wir vor lauter Freude
ein Fest feiern. Und soll ich dir was sagen? Über dich freuen
wir uns auch.«

Uli zupft nachdenklich an seinem Ohr. Freut sich also der
ganze Himmel, weil er seine Dummheiten eingesehen hat und
sie ihm Leid tun? Und bedeutet das, dass er Weihnachten doch
bei den Menschen feiern darf?

»Warum denn nicht?«, fragt Gabriel, »das Wichtigste
kommt doch erst noch.«

Da ist Uli aber gespannt.

16. Dezember
Was zu einem
Fest gehört

Im Himmel ist große Aufregung. Denn die Engel feiern ein Fest. Es wird gebacken und gebraten, hübsche Engelfesttagskleider werden genäht und in allen Wolken hängen bunte Lichter.

»Jetzt sieht es im Himmel gerade so aus, wie die Städte der Menschen in der Adventszeit«, freut sich Uli. Gabriel lacht. »Das tun die Menschen, weil sie Gott feiern. Aber heute feiern wir dich. Das hast du dir doch gewünscht, oder?«

»Klar«, ruft Uli begeistert. Dass die Engel ein Fest für ihn feiern und das nur, weil ihm seine Dummheiten ernstlich Leid tun, das findet Uli einfach riesig. So braucht er nicht einmal einen eigenen Geburtstag. Der ganze Himmel freut sich nämlich auch so darüber, dass es Uli, den Engel, gibt. Aber dann denkt Uli an Gott und bedrückt fragt er sich, was Gott wohl zu einem Uli-Fest sagen wird. Hoffentlich ist Gott nicht eifersüchtig, wo er doch der Größte und Liebste, der Beste und Wichtigste und überhaupt der König im Himmel und auf der Erde ist.

»Ach Uli, du weißt wirklich noch nicht viel über Gott«, tadelt Gabriel. »Als er mich das zweite Mal auf die Erde schickte, da hat er mir ausdrücklich aufgetragen, ich soll den Menschen sagen, dass sie sich freuen sollen. Wenn das für die Menschen gilt, dann doch für uns Engel erst recht. Was glaubst du denn? Gott freut sich natürlich mit.«

Uli atmet erleichtert auf. Nachher will er gleich zu Gott laufen und ihm Danke sagen. Aber jetzt möchte er Gabriel begleiten, der die Festvorbereitungen überwacht. Gott wird das sicher verstehen, denn schließlich geht es ja auch ihm um die Freude.

»Gut, dann komm also mit«, fordert Gabriel ihn auf.

»Die zwei wichtigsten Dinge, mit denen Engel ihre Freude ausdrücken, sind Musik und Licht«, erklärt er, »deshalb werden wir zuerst unseren Engelchor besuchen. Bestimmt üben sie schon eifrig.«

Den Engelchor kennt Uli gut, denn er hat selber schon oft mitgesungen. Alle Engel, die Freude an der Musik haben, dürfen kommen und mitmachen. Jeden Tag versammelt sich der Chor in der Musikhalle. Die Halle ist so hoch wie der Himmel. An drei Seiten sind Bänke aufgestellt, die wie eine Treppe hintereinander aufsteigen und auf denen die Engel stehen. Sie stehen nicht stocksteif, sondern sie schweben oder hopsen, springen oder tribbeln oder schaukeln im Takt. Da wogt der ganze Engelchor und die Lieder brausen wie der Wind am Meer und wehen bis in den letzten Himmelswinkel. Tiefe und hohe Stimmen, zaghafte und kräftige mischen sich. Und gemeinsam jubeln sie: »Ehre sei Gott in der Höhe.«

Schon von weitem hört Uli den Gesang und voll Freude stimmt er mit ein. Nun hat er es eilig die Musikhalle zu erreichen. Aufgeregt rennt er voraus, und als Gabriel schließlich vor den Chor tritt, da hat Uli sich längst zwischen den Sängern eingereiht und singt aus vollem Halse mit. Gabriel muss sich zurückhalten, um nicht genauso wie Uli mitzumachen. Schade, dass er nicht bleiben kann. Aber er muss noch an anderen Stellen nach dem Rechten sehen. Hier im Musiksaal ist ja alles in Ordnung. Deshalb winkt er den Chorengeln zu, klopft dem Dirigentenengel freundlich auf die Schulter und tänzelt leise summend hinaus. Er ist schon mindestens hundert Meter weit, da hört er plötzlich hinter sich eine Stimme. »Halt, nimm mich mit.« Erstaunt dreht Gabriel sich um und schaut Uli entgegen, der hinter ihm her keucht.

»Ich dachte, du wolltest bei den Chorengeln bleiben«, sagt er.

»Wäre ich auch am liebsten«, gibt Uli zu, »denn ich finde Musik einfach großartig. Schade, dass die Menschen auf ihren Festen nicht singen.«

»Aber das tun sie doch«, widerspricht Gabriel.

Da muss Uli erst einmal tief Luft holen, einmal, weil er vom Singen und Rennen ganz außer Atem ist und dann auch vor Staunen.

»Auch im Advent?«, fragt er, »davon habe ich ja gar nichts mitbekommen.«

»Ach, Uli.« Gabriel schüttelt den Kopf. »Natürlich singen die Menschen. Sie kennen sehr schöne Advents- und Weihnachtslieder. Vom Himmel hoch, da komm ich her, zum Beispiel, oder Stille Nacht, Heilige Nacht. Das Lieblingslied von dem Menschenjungen Tim heißt: Wir sagen euch an den lieben Advent, sehet die erste Kerze brennt ... freut euch ihr Christen, freuet euch sehr, schon ist nahe der Herr. Und Conni mag am liebsten den Kanon: Mache dich auf und werde Licht ... Aber das kannst du natürlich nicht wissen, wenn du hinter dem Schrank hockst und die beleidigte Leberwurst spielst, während die Menschenkinder Advent feiern.«

»Aber manchmal war ich auch dabei«, verteidigt sich Uli, »da haben sie gebastelt und Kerzen angezündet und geredet.«

»Ja, und wenn du dich nicht so naseweis in ihre Gespräche eingemischt hättest, dann hätten sie bestimmt auch mal ein Lied angestimmt und dann würdest du jetzt wissen, wie gerne und wie schön die Menschen singen.«

Bestürzt senkt Uli den Kopf. Er weiß genau, dass Gabriel Recht hat, und wieder einmal schämt er sich. Aber Gabriel lacht schon wieder.

»Mache dich auf und werde Licht«, trällert er, »das ist auch mein Lieblingslied, und soll ich dir sagen warum?«

»Ich kann es mir denken«, antwortet Uli, der endlich mal zeigen will, dass er nicht nur Dummheiten weiß, sondern auch etwas Kluges.

»Damals im Lichtersaal hast du mir etwas vorgelesen, nämlich, dass Gott den Menschen ein helles Licht schickte. Und dieses Licht ist sein Sohn Jesus.«

»Richtig«, strahlt Gabriel, »und weil Licht so wichtig ist, für Advent und Weihnachten und überhaupt für jedes Fest, deshalb müssen wir jetzt schleunigst nachschauen, ob ...«

»... ob alle Lichter an sind«, platzt Uli dazwischen, »ordentlich hell soll es im Himmel werden, so hell wie im Lichtersaal der Himmelsbibliothek. Alle Lampen, Laternen, Kerzen, Glühbirnen, jede Neonröhre, alle klitzekleinen Funzeln und alle riesengroßen Scheinwerfer wollen wir einschalten.«

Über so viel Eifer muss Gabriel laut lachen.

»Uli, wie du es vorschlägst, machen es die Menschen. Wir im Himmel haben ganz andere Möglichkeiten. Wir haben Sonne, Mond und Sterne.«

»Och«, schmollt Uli, »Sonne, Mond und Sterne haben die Menschen aber auch.«

»Stimmt«, schmunzelt Gabriel, »aber komm mal mit, ich will dir ein besonderes Licht zeigen.«

Gemeinsam spazieren sie durch den Himmel, vorbei am Himmelsreisebüro. Bis hierhin folgen ihnen noch die Klänge aus der Musikhalle. Doch als sie an der Bibliothek vorüberwandern, verhallen die Lieder des Engelchores, bis sie schließlich ganz verstummen. Still wie in einem Wald ist es hier. Und allmählich wird es auch immer schummriger. Erst tauchen Gabriel und Uli in ein schwaches Dämmerlicht. Doch je weiter sie wandern, umso tiefer breitet sich Dunkelheit aus. Ängstlich greift Uli nach Gabriels Hand. Solche Finsternis hat er im ganzen Himmel noch nicht erlebt. Oder haben er und Gabriel den Himmel vielleicht schon verlassen?

»Aber nein«, beruhigt ihn Gabriel, »im Himmel ist alles möglich.«

»Aber wo sind wir denn hier?«, flüstert Uli.

»Im Schlafzimmer der Sterne«, erklärt Gabriel, »tagsüber, wenn die Sonne scheint, dann schlafen die Sterne. Und es schläft sich nun einmal am besten, wenn drumherum alles dunkel und ruhig ist. Das kannst du natürlich nicht wissen, denn wir Engel schlafen ja nicht, weil wir niemals müde werden.«

»Aber ich dachte, du wolltest mir ein besonderes Licht zeigen. Und nun stehen wir mitten im Dunkel.«

»Warte mal ein Weilchen«, raunt Gabriel.

Da bleibt Uli stehen, sagt kein Wort, hält sogar ein bisschen den Atem an und starrt ins Nichts. Aber je länger er starrt, umso deutlicher erkennt er, dass das Dunkel nicht das Nichts ist, sondern ein riesig großer, dunkelblauer Saal. In endlos langen Gängen sind winzig kleine Bettchen aufgereiht wie Perlen auf einer Schnur. Aber diese Betten sehen ganz anders aus als das große Bett im Himmelsreisebüro. Sie sehen aus wie kleine Schaukeln voller silberner und goldener Wattebäusche.

»Das ist das Sternenlicht, das durch die Bettdecken schimmert«, erklärt Gabriel.

»Und sieh mal dort.« Mit ausgestrecktem Arm weist er auf ein Schaukelbettchen ganz in ihrer Nähe. »Dort schläft ein Sternchen, mit dem ich gut bekannt bin, denn es hat mit Weihnachten fast genauso viel zu tun wie ich.«

Bei dem Wort Weihnachten horcht Uli sofort auf. Die Engel feiern zwar ein Fest für ihn. Aber Weihnachten ist natürlich tausendmal wichtiger, denn Weihnachten ist das Fest für Gottes Sohn Jesus. Deshalb ist Uli jetzt sehr neugierig auf den Stern, den Gabriel ihm zeigen will. Gabriel schleicht auch schon zu dem Bettchen, schaukelt es sachte hin und her und lüftet vorsichtig die Decke. Da lugt eine goldene Zacke hervor, da reckt und streckt sich ein gleißender Strahl, da räkelt sich ein leuchtendes Wesen und strampelt sich von der Bettdecke frei. Und aus dem Bett purzelt ein fröhlicher Stern, so hell, dass er gleich den ganzen Sternenschlafsaal in Licht taucht.

Uli hat schon viele Sterne gesehen. Aber dieser sieht ganz anders aus als alle anderen. Als er sich nämlich langsam aufrichtet, da erkennt Uli einen langen leuchtenden Schweif, den er wie eine Schleppe hinter sich herzieht.

»Darf ich bekannt machen«, ruft Gabriel, »das ist der Weihnachtsstern.«

Uli möchte am liebsten fragen, warum er Weihnachtsstern heißt, was er mit Weihnachten zu tun hat und ob er vielleicht auch schon einmal bei den Menschen war. Aber weil er ein höflicher Engel ist, begrüßt er erst einmal den Weihnachtsstern. Und dann bittet er ihn auf sein Fest. Denn auf einem Uli-Fest darf der Weihnachtsstern natürlich nicht fehlen, genauso wenig wie Musik. Uli trällert schon leise vor sich hin.

Ob Conni und Tim heute Abend am Adventskranz singen? Und du vielleicht auch?

17. Dezember
Was Conni und Tim über den Weihnachtsstern erfahren

»Vom Himmel hoch, da komm ich her ...«, summt Conni und zündet dabei die Kerzen am Adventskranz an. Drei Flammen erhellen nun das Wohnzimmer. Nicht mehr lange, dann ist Weihnachten.

»... ich bring euch gute neue Mär ...«, brummt Papa.

»Das hört sich an wie Märchen«, wirft Tim dazwischen.

»Ist es aber nicht, denn ein Märchen ist eine Geschichte, die sich jemand ausgedacht hat. Mär bedeutet aber Nachricht, und zwar eine, die wirklich und echt und ehrlich passiert ist«, erklärt Papa und brummt gleich weiter: »Der guten Mär bring ich so viel, davon ich singen und sagen will.«

»Wer bringt denn die Mär?«, unterbricht Tim ihn noch einmal. Aber bevor Papa antworten kann, platzt Conni dazwischen: »Natürlich einer vom Himmel. Hab ich doch gesungen. Oder bist du taub?«

»Nee, bin ich nicht«, faucht Tim, »und dumm bin ich auch nicht. Ich weiß nämlich längst, dass du keinen Astronauten, sondern einen Engel meinst.«

»Klar, und zwar Uli«, grinst Conni.

»Unsinn«, winkt Papa ab, »der Engel in der Weihnachtsgeschichte hieß nicht Uli, sondern Gabriel.«

Da zwinkern Conni und Tim sich geheimnisvoll zu. Plötzlich sind sie überhaupt nicht mehr gehässig zueinander. Denn wenn zwei ein Geheimnis haben, dann halten sie zusammen. Und ihr Geheimnis heißt Uli. Gabriel hat Maria und Josef besucht. Aber zu Conni und Tim ist ein ganz anderer Weihnachtsengel gekommen, nämlich der Engel Uli. Aber davon ahnt Papa natürlich nichts. Tim würde ihn am liebsten einweihen. Aber Conni schüttelt ein kleines bisschen ihren Kopf, gerade so viel, dass Tim es erkennen kann. Nichts verraten, bedeutet das, denn Papa würde ihnen sowieso nicht glauben. Sie können ihm ja nicht beweisen, dass es Uli wirklich gibt, denn Uli ist verschwunden. Seit Tagen hat er sich nicht mehr blicken lassen. Wo er bloß steckt?

»Zum Himmel hoch, da flieg ich hin ...«, trällert Conni, und Tim versteht sofort, was sie damit sagen will. Sie meint bestimmt, dass Uli längst wieder im Himmel ist. Tim findet das schade. Aber etwas findet er supertoll, nämlich, dass Conni gerade die Liedergeheimsprache erfunden hat. Natürlich muss er ihr sofort antworten. Deshalb schmettert er los: »Wisst ihr noch, wie es geschehen, immer werden wir's erzählen: Wie wir einst den Engel gesehen, mitten in der dunklen Nacht.«

Erstaunt schaut Papa auf. »Das heißt nicht Engel, sondern Stern«, verbessert er, »es heißt: Wie wir einst den Stern gesehen, mitten in der dunklen Nacht.«

»Wir haben aber einen Engel gesehen«, beharrt Tim.

»Aber vielleicht taucht ja auch noch ein Stern auf«, kichert Conni, »vielleicht sogar jetzt gleich. Schwups, schwebt er durchs Fenster ...«

Diesen Gedanken findet Papa komisch.

»Auf was für Ideen ihr Kinder doch kommt. Schwups ...«, ahmt er Conni nach. Und dabei muss er so doll loslachen, dass sein Lachatem wild über die Kerzen streicht. Die Flammen zittern und tanzen und eine verlischt sogar ganz.

Vor lauter Übermut pustet Tim die nächste Kerze aus und Conni schließlich die Letzte. Nun sitzen Papa, Conni und Tim im Dunkeln.

»Advent, Advent, keine Kerze brennt ...«, raunt Papa.

»Wollen wir sie wieder anzünden?«, flüstert Tim.

»Klar«, ruft Conni und dann singt sie: »Mache dich auf und werde Licht ... mache dich auf und werde Licht ...«

Papa lacht. »Hab schon verstanden«, ruft er, steht auf, tastet sich im Dunkeln durch das Wohnzimmer bis zu dem Schrank, in dem die Streichhölzer liegen, und reißt ein Hölzchen an. Dann zündet er alle drei Adventskerzen an. Sofort strahlen die Gesichter der Kinder auf.

»Na wunderbar«, freut sich Papa, »aber eins will ich euch sagen: In dem Lied heißt es trotzdem: Als wir einst den Stern gesehen, mitten in der dunklen Nacht.«

»Na und«, sagt Tim, »das ist doch nichts Besonderes, weil nämlich in jeder Nacht Sterne leuchten.«

»Es ist doch etwas Besonderes«, sagt Papa, »nämlich, weil es die Weihnachtsnacht war. Und in dieser besonderen Nacht leuchtete auch ein besonderer Stern, und zwar der Weihnachtsstern. Und weil ihr beide so verwundert aus der Wäsche guckt, werde ich euch jetzt zeigen, was ein Weihnachtsstern ist.«

Wieder steht Papa auf. Diesmal muss er nicht durchs Dunkle tappen, denn die drei Kerzen am Adventskranz tauchen das ganze Wohnzimmer in gemütliches Licht. Papa bleibt aber nicht im Wohnzimmer. Wie der Wind huscht er hinaus. Er bleibt so lange draußen, dass Conni und Tim schon ungeduldig auf ihren Plätzen herumrutschen.

 *Doch als er wieder hereinkommt, klemmt unter seinem Arm eine Rolle Glanzpapier. An seinem Finger baumelt eine Schere und auf seiner Hand balanciert er wie ein Oberkellner drei Holzbrettchen mit Mamas Stecknadelschächtelchen obendrauf. Gespannt beobachten Conni und Tim, wie er alles auf dem Tisch ausbreitet, aus dem Glanzpaper drei Streifen ausschneidet, die so hoch wie eine Heftseite, aber etwas schmaler sind, ein Glanzpapierstück auf jedes Brett legt und jedem Kind ein Brett zuschiebt. Er selber behält auch eines. Nun nimmt Papa eine Stecknadel aus Mamas Kästchen und beginnt damit kleine Löcher in sein Glanzpapier zu pieken. Erst sieht seine Stichelei wie ein wildes Punktedurcheinander aus. Aber als Papa fertig ist, erkennen die Kinder auf seinem Papier einen wunderhübschen Stern mit einem langen, gezackten Schweif, der sich über das ganze Glanzpapier erstreckt. Nun hebt Papa sein Papier hoch und hält es dicht vor die Adventskerzenflammen. Auf einmal leuchtet es durch alle Stecknadelpiekser.*

»Bitte schön, der Weihnachtsstern«, lächelt Papa.

»Oh«, hauchen Conni und Tim begeistert. Und als Papa nun sein Glanzpapier zusammenrollt, so dass sich die beiden kurzen Seiten schließen, ein Teelicht anzündet und in die Rolle stellt, da stechen und pieksen Conni und Tim gleich ganze Sternenhimmel auf ihr Papier. Du kannst es ihnen nachmachen. Beeil dich und besorg dir alles, was du zum Basteln der Glanzpapierlaternchen brauchst, sonst sind Conni und Tim längst fertig, bevor du überhaupt angefangen hast.

Sie sind jedenfalls eifrig bei der Arbeit. Tief beugen sie sich über ihre Glanzpapiere und vor lauter Anstrengung schiebt Tim seine Zunge zwischen die Lippen. Beinahe hätte er sich draufgebissen. Aber plötzlich hebt er seinen Kopf, denn gerade fällt ihm eine neue Frage ein. Conni summt nämlich gedankenverloren vor sich hin: »Immer werden wir's erzählen, wie wir einst den Stern gesehen ...«, und nun möchte Tim natürlich wissen, wer überhaupt den Stern gesehen hat?

»Die Astronomen«, sagt Papa.

»Was ist das denn?«, fragt nun auch Conni.

»Nicht was, sondern wer«, verbessert Papa. »Astronomen sind Leute, die die Sterne erforschen.«

»Also Astronauten«, vermutet Tim.

»Nein, Astronauten fliegen zu den Sternen. Astronomen schauen sich die Sterne von der Erde aus mit langen Fernrohren an. Früher hat man sie deshalb auch Sterndeuter genannt. Drei solcher Sterndeuter haben damals als Erste den Weihnachtsstern entdeckt. Sie vermuteten natürlich sofort, dass etwas Besonderes geschehen sein müsse.«

»Klar, Jesus, der Sohn Gottes, ist geboren«, fällt Tim Papa ins Wort.

»Richtig«, nickt Papa, »die Sterndeuter haben sich auch so etwas gedacht. Aber genau gewusst haben sie es nicht. Sie haben nur vermutet, dass ein König auf die Welt gekommen ist. Und den wollten sie unbedingt besuchen. Also haben sie ihre Kamele mit Decken und Lebensmitteln und Geschenken für den König beladen und begannen ihre Reise durch die

Wüste. Ihr Wegweiser war der Weihnachtsstern. Sie sind ihm einfach gefolgt. Natürlich immer nur nachts, denn da konnten sie ihn am besten sehen, denn Sterne leuchten ja nicht am Tag. Die Sterndeuter konnten ihn überhaupt nicht verpassen oder mit anderen Sternen verwechseln, denn dieser Stern hatte einen wunderschönen langen, glänzenden Schweif.«

Papa tippt auf seine Glanzpapierlaterne. »Wahrscheinlich genau so einen wie dieser«, sagt er. »Und der Stern führte sie zu dem Jesus-Kind.«

»Ist ja toll«, ruft Tim, springt auf, dass beinahe der Stuhl umstürzt, und hastet zum Fenster. Draußen ist es stockdunkel. Nur die Adventskerzen und die Sternenlaternen spiegeln sich in der dunklen Scheibe. Ganz deutlich zeichnet sich Papas Weihnachtsstern auf dem Glas ab.

»Schwups ... «, sagt Tim und tippt mit seinem Finger auf die kalte Scheibe, »es sieht fast so aus, als würde wirklich gleich ein Weihnachtsstern durchs Fenster schweben.«

Der Weihnachtsstern hat aber heute Abend dafür keine Zeit. Er tanzt nämlich gerade einmal quer durch den Himmel, und zwar auf dem Fest vom Engel Uli.

Doch davon weiß Tim natürlich nichts und Papa und Conni erst recht nicht.

18. Dezember
Wie Tim den
Weihnachtsstern sucht

Gestern hat Papa erzählt, dass der Weihnachtsstern drei klugen Männern, die eine Menge von Sternen verstanden, den Weg zu dem neuen König Jesus gezeigt hat. Der Stern soll besonders hell geleuchtet und einen langen, glänzenden Schweif hinter sich hergezogen haben. Tim würde diesen Stern auch gerne einmal sehen. Deshalb steht er jetzt am Fenster und sucht mit seinen Augen den Himmel ab. Aber den Weihnachtsstern entdeckt er nicht.

»Es ist ja auch heller Tag, da sieht kein Mensch einen Stern, nicht mal einen Weihnachtsstern«, spottet Conni. Ungeduldig zappelt sie hin und her. Sie hat keine Lust nach Sternen zu suchen. Sie möchte viel lieber nach draußen. Heute hat es nämlich ein kleines bisschen geschneit. Eine dünne weiße Decke liegt auf dem Rasen. Vielleicht lässt sich daraus schon ein klitzekleiner Schneemann bauen. Und wenn es dafür noch nicht reicht, dann kann Conni immer noch Spuren in den Schnee laufen und mit ihren Schritten ein hübsches Muster in den Garten zaubern. Am schönsten wäre es, wenn Tim mitkäme, denn zu zweit macht Musterzaubern viel mehr Spaß. Aber Tim denkt nur an seine blöden Sterne.

»Die sind sowieso viel zu weit weg«, sagt Conni nun.

»Aber die Sternendeuter haben den Weihnachtsstern auch gesehen«, erwidert Tim.

»Mensch, Tim, denk doch mal nach ... Sie hatten ja auch lange Fernrohre.«

»Dann muss ich auch ein Fernrohr haben«, entscheidet Tim.

Aber wo bekommt er das bloß her? Er braucht es unbedingt bis zum Abend. Conni zuckt die Schultern. Ihr ist das egal. Sie wird jetzt rausgehen. Tim bleibt alleine zurück. Unschlüssig schaut er sich in seinem Zimmer um. Aber nirgendwo entdeckt er etwas, das wenigstens so ähnlich aussieht wie ein Fernrohr. Deshalb schlendert er auf den Flur hinaus. Aber auch dort liegt nirgendwo ein Fernrohr herum. Nicht mal im Bad und auch nicht im Schlafzimmer der Eltern. Auf der Toilette findet Tim eine leere Klopapierrolle. Aber die ist natürlich viel zu klein, um ein Fernrohr zu sein. Deshalb marschiert Tim weiter durch das Haus. Schließlich landet er in der Küche. Mama sitzt am Tisch und putzt Silberbesteck. Dazu taucht sie Messer und Gabel und Löffel in eine Flüssigkeit, in der silberglänzendes Stanniolpapier schwimmt. Wenn das Besteck lange genug darin gebadet hat, reibt sie es mit Küchenpapier blank.

»Willst du mir helfen?«, fragt sie Tim. Doch der schüttelt den Kopf.

»Ich suche ein Fernrohr«, erklärt er.

»Kein Problem«, sagt Mama und deutet auf die Küchenpapierrolle. »Probier das mal.«

Sofort wickelt Tim alles Papier von der Pappe herunter und hält das Rohr vor sein Auge. Das andere kneift er zu. Nun sieht er am Ende ein rundes Stückchen Küche. Doch plötzlich wird es vor dem Loch dunkel, dann blitzt es auf und auf einmal blickt ihm ein großes Auge entgegen. Erschrocken lässt Tim das Rohr sinken.

Mama lacht. »Warum fürchtest du dich? Was du gesehen hast, war dein eigenes Auge. Sieh mal«, sie schwenkt ein Stücken Stanniolpapier vor seiner Nase, »das ist wie ein Spiegel, nicht wahr? Ich habe bloß dies kleine Fetzchen vor die Rolle gehalten.« So eine Gemeinheit, denkt Tim, mich so zu erschrecken. Aber dann fällt ihm etwas ein. Stecken in Fernrohren nicht auch Spiegel?

»Na ja, nicht nur Spiegel, sondern auch Linsen«, sagt Mama. Da muss sich Tim aber wundern. Er hat geglaubt, Linsen schwimmen in der Suppe, aber doch nicht in einem Fernrohr.

»Also, am besten, du schaust es dir mal in einem Lexikon genau an«, schlägt Mama vor, denn so genau weiß sie auch nicht, wie ein Fernrohr aufgebaut ist.

Aber sie weiß, wie man ein tolles Guckrohr bauen kann. Sie erklärt es Tim, und wenn du gut zuhörst, dann weißt du es auch. Mama reicht Tim ein Messer, mit dem er oben und unten aus der Küchenpapierrolle je eine dreieckige Kerbe herausschneidet, und zwar so, dass jeweils ein Sichtloch entsteht. Auf die herausgetrennten Pappestücke klebt Mama ein Stück glatt gestrichenes Stanniolpapier und dann drückt Tim es oben und unten schräg in die Röhre.

»Nun knie dich mal vor das Fenster«, sagt Mama.

»Warum das denn?«, wundert sich Tim, »Wenn ich knie, kann ich doch sowieso nicht rausschauen, sondern seh nur die olle Heizung.«

Aber Mama schmunzelt: »Pass nur auf, schau mal durch das eine Sichtfenster deines Rohres und halte das andere genau vor die Fensterscheibe. Na, was siehst du?«

Tim macht genau, was Mama sagt, und erstaunt stellt er fest, dass er tatsächlich mehr sieht als nur die Heizung. Das Bild ist zwar unscharf, denn Stanniolpapier ist ja kein echter Spiegel, aber trotzdem erkennt er ganz deutlich das Fensterkreuz, den Griff, und er sieht sogar den mit Schnee überpuderten Garten. Dann entdeckt er Conni, wie sie über die Wiese stapft und mit ihren Schritten und einem dicken Stock ein Muster in den Schnee malt. Tim kann sogar das Muster erkennen. Ist das nicht ein Stern? Ein silbriger, glitzernder Schneestern? Und hat er nicht einen langen, zackigen Schweif?

»Der Weihnachtsstern«, flüstert Tim.

Er ist so aufgeregt, dass er kaum mitbekommt, wie Papa in die Küche tritt. Über der Bastelei ist der Nachmittag ganz schnell vergangen. Nun ist es gleich fünf Uhr und draußen taucht allmählich die Dämmerung alles in ein graues Abendwischiwaschi. Auch Connis Schneestern verblasst.

»Schade«, murmelt Tim. Aber dann denkt er, dass jetzt bestimmt bald die Sterne am Himmel auftauchen. Und vielleicht zeigt sich dann auch der richtige Weihnachtsstern.

»Ach was«, winkt Papa ab, »da kannst du lange suchen.«

»Und warum?«, Tim ist enttäuscht.

»Ich erzähle es euch, wenn Conni reinkommt«, verspricht Papa.

Draußen ist es nun so dunkel geworden, dass Conni keine Lust mehr zum Musterzaubern hat. Außerdem ist sie ordentlich durchgefroren. Mama kocht für alle einen schönen heißen Tee. Sie setzen sich um den Adventskranz. Papa zündet drei Kerzen an. Dann beginnt er zu erzählen.

»Also, den Weihnachtsstern kannst du überhaupt nicht finden«, wendet er sich an Tim, »erstens, weil der geleuchtet hat, als Jesus geboren wurde, und das ist fast 2000 Jahre her, zweitens, weil er den Weisen den Weg durch die Wüste gezeigt hat, und die Wüste ist weit weg, und drittens ...«

»Aber gestern hast du erzählt, dass die Weisen längst bei dem König angekommen waren. Und was ist dann aus dem Stern geworden?«, fällt Tim ihm ungeduldig ins Wort.

»Der ist weitergewandert, und zwar zu den Hirten ...«, antwortet Papa.

»Welche Hirten denn?«, fragt Conni, »meinst du etwa die, von denen Bauer Thiele uns erzählt hat?«

»Ich weiß nicht, was Herr Thiele erzählt hat«, schaltet sich nun Mama ein, »aber hört mal, was ich euch berichten kann.«

Zuerst stimmt sie ein Lied an: »Kommet ihr Hirten, ihr Männer und Frauen ...« singt sie. »Kommet das liebliche Kindlein zu schaun«, stimmen Conni und Tim ein.

Doch als Mama schließlich aufsteht, zum Bücherregal schlendert, aus dem obersten Fach ein dickes Buch herunterangelt, es zum Tisch trägt und mitten vor dem Adventskranz aufklappt, da werden Papa und Tim und Conni ganz still. Mama blättert ein paar Seiten um und auf einmal kommt Tim das Buch irgendwie bekannt vor.

Schade, dass Uli, der Engel, diesen Adventabend nicht miterlebt. Denn das Buch, aus dem Mama vorliest, kennt auch er.

19. Dezember
Von Sternen,
Hirten und Schafen

»Von Hirten habe ich keinen blassen Schimmer«, erklärt der Weihnachtsstern und leuchtet über Ulis Schulter. Die beiden haben auf Ulis Fest so dicke Freundschaft geschlossen, dass sie sich fast jeden Tag verabreden. Heute haben sie sich in der Himmelsbibliothek getroffen. Und natürlich sind sie gleich in den Lichtersaal spaziert, denn Licht mag der Weihnachtsstern am allerliebsten. Im Lichtersaal sitzt auch schon Gabriel in seinem gemütlichen Ohrensessel. Auf den Knien hält er wieder einmal ein Buch. Es ist das Menschengeschichtenbuch von Conni und Tim.

»Also, der Vater hat Unrecht«, stimmt Gabriel dem Weihnachtsstern zu. Uli schaut verwundert von einem zum andern.

»Ich habe geglaubt, der Vater weiß immer alles ganz haargenau und bis auf das kleinste i-Tüpfelchen und 100-prozentig richtig.«

»Was Gott, unseren himmlischen Vater, betrifft, hast du Recht«, nickt Gabriel, »aber die Menschenväter können sich schon mal irren. Hier ...«, sagt er und fährt mit seinem Engelfinger eine Zeile auf der Seite entlang, »hier steht, wie der Vater erklärt, dass der Weihnachtsstern zu den Hirten kam. Aber das stimmt nicht.«

»Sag ich doch«, piept der Stern dazwischen, »mir leuchtet das mit den Hirten auch gar nicht ein.«

»Mir auch nicht«, sagt Uli, der vollkommen ahnungslos danebensteht. Soviel er weiß, ist der Stern schnurstracks vor den drei Sterndeutern durch die Wüste geradewegs nach Bethlehem gewandert. Dort hat er sich an den Himmel geklebt, genau über dem Stall, in dem der neue König Jesus geboren ist.

»Aber ich weiß Bescheid«, schmunzelt Gabriel, »denn ich bin bei den Hirten gewesen. Habe ich davon noch nicht erzählt?«

Uli schüttelt den Kopf, und auch der Weihnachtsstern rüttelt, dreht und wendet sich, dass die Lichterfunken nach allen Seiten auseinanderspritzen.

»Genau in der Nacht, als Jesus auf die Welt kam, schickte Gott mich wieder einmal auf die Erde, aber diesmal nicht zu Maria und auch nicht zu Josef, sondern ...«

»... zu den Hirten«, klimpert der Weihnachtsstern naseweis dazwischen.

»Bestimmt zu Cowboys«, plappert Uli drauflos, »oder zu Schweinehirten. Genau, kennt ihr das Märchen vom Schweinehirten? Ich habe es einmal im Märchensaal hier in unserer Bibliothek entdeckt. Also, es beginnt so: Es war einmal ...«

»Halt«, ruft Gabriel, »was redest du bloß für einen Blödsinn. Uli, du weißt doch längst, dass die Weihnachtsgeschichte kein Märchen ist. Also sei still und hör zu.«

Sofort schlägt Uli sich seine Engelhand auf den Mund und hockt sich beschämt neben Gabriel auf die Sessellehne. Gabriel beginnt: »Als Jesus geboren wurde, waren Hirten in derselben Gegend auf den Feldern. Die hüteten des Nachts ihre Schafe. Schafe, hörst du, Uli?«

»Ja, aber warum nachts? Ich denke, da schlafen die Menschen«, überlegt Uli. Er will Gabriel auf gar keinen Fall verärgern. Deshalb fragt er auch nur ganz leise und sehr vorsichtig. Er hat genau über seine Frage nachgedacht. Und eigentlich findet er sie gar nicht so dumm. Aber Gabriel schüttelt trotzdem den Kopf. Er erklärt, dass die Hirten aufpassen mussten, dass keine Löwen, Bären, Wölfe und andere wilde Tiere ihre Schafe angriffen.

»Aber Löwen und Bären und Wölfe tun doch keinem Tierchen etwas zuleide«, widerspricht Uli. Gabriel seufzt: »Doch, Uli, auf der Erde schon. Hier im Himmel sind die Tiere gut zueinander. Aber auf der Erde ist es eben nicht wie im Himmel, nicht einmal unter den Tieren.«

Uli kann sich das gar nicht vorstellen.

» Man kann sich auch nur das vorstellen, was man selber schon mal erlebt hat «, sagt Gabriel, der ja wirklich und wahrhaftig bei den Hirten gewesen ist und genau weiß, wovon er spricht. Aber Uli hat mal wieder von nichts eine Ahnung. Und der Weihnachtsstern auch nicht. Aber den interessieren Schafe und Hirten nicht besonders. Außerdem wird es allmählich Abend auf der Erde. Da muss er schleunigst an den Himmel. Seinen schönen langen Schweif rollt er schon mal zusammen, denn den braucht er nur zu besonderen Anlässen, wie zum Beispiel in der Weihnachtsnacht. Er klemmt sich also seinen Schweif zwischen zwei Zacken und verabschiedet sich.

» Bis morgen «, ruft er und blinkert Uli noch einmal zu. Dann schwirrt er aus dem Lichtersaal. Uli schaut ihm traurig nach. Bis morgen, hat der Weihnachtsstern gesagt. Morgen ist der 20. Dezember, und dann dauert es nur noch vier Tage, bis die Menschen Weihnachten feiern. Ach, Uli wollte so gerne dabei sein. Gabriel, der seinen Wunsch längst kennt, zwinkert verschmitzt. » Wenn du unbedingt willst, dann lässt es sich bestimmt so einrichten, dass du auch gleich noch ein bisschen von Schafen und Hirten erfährst und davon, wie es damals in der Nacht in Bethlehem zuging. «

» Auja «, ruft Uli begeistert.

» Dann komm mal mit «, schlägt Gabriel vor, erhebt sich aus seinem Ohrensessel und schwebt sacht zur Tür. Sofort stürzt Uli hinter ihm her, quetscht sich an seinem Freund vorbei und flitzt auf den Flur hinaus. Dort rennt er beinahe Rafael um, der einen Stapel Bücher auf dem Arm trägt. Rums, krachen alle auf den Boden. Erschrocken, als hätte ihn ein Blitz getroffen, bleibt Uli stocksteif stehen. Vor lauter Schreck kann er sich gar nicht mehr bewegen.

» Ach, der Uli schon wieder «, tadelt Rafael und schaut missbilligend auf die Bescherung. Rechts und links vom Gang springen Türen auf und Engel mit Büchern in den Händen schauen neugierig heraus. Sie wollen wissen, was der Krach zu bedeuten hat. Uli schämt sich so sehr, dass er sich am liebsten in Luft auflösen oder einfach verschwinden möchte, egal wohin. Hauptsache, er ist weit, weit weg, irgendwo, wo er nicht die neugierigen und auch ein bisschen spöttischen Blicke der anderen Engel aushalten muss.

» Die Hirten haben sich wahrscheinlich genauso erschreckt wie du gerade «, flüstert Gabriel Uli ins Ohr und legt ihm beruhigend eine Hand auf die Schulter. Nur mühsam findet Uli seine Sprache zurück.

» Wieso haben sie sich denn erschrocken? Hat es etwa auch so laut geknallt, als du zu ihnen auf die Erde gekommen bist? «, wispert er.

» Es wurde nicht laut, sondern hell, heller als der sonnigste Sonnentag. Aber nun komm, du willst es ja schließlich selbst erleben, nicht wahr? «

Da ist sich Uli plötzlich gar nicht mehr so sicher. Trotzdem folgt er Gabriel. Doch diesmal schwebt er so leise durch die Himmelsbibliothek, dass selbst Rafael zufrieden hinter ihm herlächelt. Gabriel führt Uli einen sehr bekannten Weg. Hier war ich doch schon einmal, überlegt Uli. Und als Gabriel plötzlich vor dem Himmelsreisebüro stehen bleibt, fällt Uli es wieder ein. Richtig. Wer auf die Erde will, muss sich dorthin träumen. Der Reisebüroengel erwartet schon die beiden. Es ist gerade so, als hätte ihm jemand zugeflüstert, dass Uli verreisen will.

» Genauso ist es auch gewesen «, schmunzelt er und klopft auf seine Engelkleidtasche, aus der die Antenne seines Himmelstelefons herausragt. Dann steckt also Gott wieder einmal hinter allem. Das hätte Uli sich auch gleich denken können.

» Nun komm herein und fang nicht schon hier draußen an zu träumen «, fordert ihn der Reisebüroengel auf. Gehorsam folgt Uli ihm durch den Saal mit der Himmelslandkarte. Millionen Sterne blinkern auf ihn herab. Einer blinkert besonders hell. Und als Uli genauer hinschaut, meint er den Weihnachtsstern zu erkennen. Ob Tim und Conni ihn auch sehen können, überlegt Uli. Aber Tim und Conni beschäftigen sich gerade mit ganz anderen Sternen. Doch davon ahnt Uli natürlich nichts. Uli ist ja weit oben im Himmel. Aber nicht mehr lange. Denn jetzt schiebt der Reisebüroengel ihn an der leuchtenden Weltkugel vorbei ins Traumzimmer. Dort sind schon die Decken auf dem Reisebett aufgeschlagen. Uli braucht sich nur zwischen die wolkenweichen Kissen kuscheln. Schon ist er eingeschlafen.

Conni und Tim aber schlafen noch lange nicht, obwohl es längst Abend ist und die Sterne am Himmel strahlen. Einer blinkert besonders hell.

»Vielleicht ist das ja der Weihnachtsstern«, überlegt Tim.

Aber Conni tippt sich an die Stirn. »Du spinnst ja. Der Weihnachtsstern hat doch einen langen Schweif. Aber dein Stern am Himmel hat keinen und meiner hier auch nicht. Sieh mal, den habe ich ganz alleine gemacht.«

Triumphierend hält sie einen Papierstern vor eine Adventskerze. Ihr Stern ist durchscheinend wie Buntglas in einem Kirchenfenster.

»So einen will ich auch haben«, wünscht sich Tim und wendet sich sofort vom Abendhimmel ab. Wenn du Connis Stern sehen könntest, würdest du dir bestimmt auch so einen wünschen. Jetzt klopft Conni auf den Platz neben sich, damit Tim sich setzt. Am besten, du setzt dich dazu. Dann zeigt Conni dir und Tim, wie man einen so schönen Stern faltet.

Zuerst schneidet sie aus Transparentpapier 16 etwa 15 mal 6 cm lange Streifen. Die knickt sie in der Länge zusammen, so dass in der Mitte eine schöne gerade Linie entsteht. Nun faltet sie die Streifen wieder auseinander und legt jede der vier Spitzen des Papierstreifens so auf den Mittelknick, dass in jeder Ecke ein Dreieck entsteht. Die äußerste Seite des Dreiecks knickt sie noch einmal zur Mittellinie. Nun sieht der Streifen aus wie ein lang gezogenes Karo. Acht solcher Karos legt Conni zu einem Stern zusammen. Die übrigen acht Karos klebt sie versetzt und ebenfalls sternförmig darauf. Wenn sie nun den fertigen Stern gegen das Licht hält, beginnt er zu leuchten wie ein richtiger Stern am Himmel. Vielleicht sogar wie der Weihnachtsstern ohne Schweif.

20. Dezember
Wie Uli und Conni
die Rollen vertauschen

Uli ist noch ganz verschlafen. Er hat so schön geträumt. Ihm war, als kuschelte er mitten zwischen wolkenweichen Schäfchen, die ihre Ringellöckchen gegen ihn drücken und ihm freundlich ins Gesicht schnauben. In der Ferne bellt ein Hütehund, und die Stimme des Hirten freut sich: »Ach, da bist du ja wieder«, gerade so, als wäre Uli ein Lämmchen, das verloren gegangen war. Uli stellt sich vor, dass der Hirte sich voll Freude über ihn beugt. Er braucht bloß seine Augen aufklappen, dann wird er in das Gesicht mit den gütigen Hirtenaugen, den Bartstoppeln am Kinn und dem tief in die Stirn gezogenen Hirtenschlapphut blicken. Doch als er die Lider hebt, da sieht er weder Bartstoppeln noch gütige Augen. Nur der Schlapphut stimmt. Genau vor ihm zwischen Kissen und Decken und einem merkwürdigen Gestell aus Stühlen und Besenstielen kniet ein Ungeheuer mit blonden Strubbelhaaren und fuchtelt wild mit seinen Armen vor Ulis Nase herum. Im Raum ist es so dunkel wie im Schlafzimmer der Sterne. Kein Wunder also, dass Uli vor Schreck fast der Atem stockt. Als das Wesen noch bedrohlich knurrt und seine Zähne fletscht wie ein Wolf, da zieht Uli die Knie ans Kinn und vergräbt seinen Kopf in den Armen. Er macht sich so unsichtbar wie möglich. Doch zu spät. Das Monster hat ihn längst entdeckt. Gleich wird es ihn packen. Uli hat sich noch nie so gefürchtet wie in diesem Augenblick. Zu allem Überfluss kracht es jetzt hinter ihm wie bei einem Gewitter, und ein Licht so hell wie der Blitz springt von der Decke und blendet den armen Engel, so dass er sofort die Augen schließt und sich noch fester zusammenrollt.

»Kommst du jetzt endlich«, schreit eine Mädchenstimme.

Das ist doch Conni, denkt Uli erleichtert. Vorsichtig hebt er seinen Kopf und lugt zwischen seinen Fingern hindurch. Tatsächlich: Da steht Conni in der Kinderzimmertür, direkt neben dem Lichtschalter und blickt zu Tim hinunter, der aus seiner Deckenhöhle den Kopf herausstreckt wie ein Hund aus der Hütte.

»Was machst du denn da?«, lacht Conni.

»Was machst du denn da?«, piepst Uli.

»Ich bin ein Räuber«, brüllt Tim und krabbelt zwischen den Stuhlbeinen hervor, »und ich schlage alles kurz und klein, was mir in die Quere kommt.«

Sofort rollt Uli sich wieder zusammen. Was ist denn hier los? Er ist doch nur auf die Erde zurückgekommen, weil er Weihnachten erleben wollte. Und er hat sich auch zu Conni und Tim gewünscht. Das Mädchen scheint auch Conni zu sein. Und der Junge sieht aus wie Tim. Aber er spricht ganz anders. Seine Stimme klingt wie ein Bär und seine Augen funkeln wild wie ein Feuerwerk. Kein Wunder, dass Uli sich fürchtet. Vielleicht sollte er ganz schnell wieder einschlafen und sich in den Himmel zurückträumen. Dann versäumt er wahrscheinlich Weihnachten. Aber das ist immer noch besser, als diesen Alptraum zu erleben. Also presst Uli die Augen zusammen und denkt ganz fest an den Himmel. Tatsächlich spürt er plötzlich eine Hand auf seiner Schulter und eine Stimme flüstert: »Fürchte dich nicht.« Hat es also geklappt? Ist er wieder im Himmel? Erleichtert öffnet Uli die Augen. Doch vor ihm hockt Conni.

»Hab keine Angst«, sagt sie, »Tim spielt doch nur.«

So, er spielt also nur? Er macht sich einen Spaß mit einem armen kleinen Engel? Na warte, regt Uli sich auf, und so plötzlich, wie sie gekommen ist, verschwindet die Angst. Stattdessen steigt in Uli ein riesengroßer, puterroter Zorn auf. Und deshalb keift er auch gleich los: »Das ist ja allerhand. Darf man einen Engel so grässlich erschrecken?«

»Aber ich habe doch gar nicht gewusst, dass du da bist«, verteidigt sich Tim. Seine Stimme hört sich auf einmal gar nicht mehr wild und böse an, sondern genauso, wie eine Jungenstimme sich anzuhören hat. »Ich habe gedacht, dass ich ganz alleine im Zimmer bin. Ich kann doch nichts dafür, wenn du dich einfach einschleichst.«

»Ich habe mich nicht eingeschlichen, ich habe mich hierher geträumt«, tobt Uli.

Er ist ziemlich wütend. Dabei hat Tim eigentlich Recht. Er konnte ja wirklich nicht wissen, dass Uli im Zimmer ist. Doch wenn einer einen schlimmen Schreck überstanden hat, kann er vor lauter Erleichterung ganz schrecklich wütend werden, auch wenn er damit im Unrecht ist. Aber Conni schüttelt tadelnd den Kopf. Sie fasst Uli sogar bei den Engelschultern und schüttelt ihn ein bisschen. »Nun beruhige dich mal wieder«, schimpft sie, »ihr Engel könnt euch aber auch aufregen.«

»Ihr Menschen etwa nicht?«, wirft Uli zurück.

Aber dann senkt er beschämt den Kopf. Was wird Conni von ihm denken? Nun hat er wieder einmal einen fürchterlichen Eindruck gemacht. Dabei hatte er sich fest vorgenommen, nie wieder zu schimpfen, zu toben, zu meckern oder sonst irgendwie garstig zu den Menschenkindern zu sein. Der große Engel Gabriel kam auf die Erde, um den Menschen Frieden und Freude zu verkündigen. Und was tut Uli? Er sorgt dauernd dafür, dass Conni glaubt, Engel wären schlimme kleine Monster. Und das will er auf gar keinen Fall. Also muss er sich jetzt wirklich mal beruhigen. Aber ein bisschen Schreck sitzt ihm noch in den Gliedern. Und deshalb muss er seinen klitzekleinen Vorwurf doch noch loswerden.

»Eigentlich müsstest du mich verstehen«, grollt er vor sich hin, »ich erschrecke mich eben vor euch Menschen und ihr Menschen erschreckt euch vor den Engeln.«

Da muss Conni lachen. »Naja«, prustet sie los, »so oft kommt es ja nicht vor, dass einer von euch hier bei uns auftaucht.«

»Oh doch«, triumphiert Uli, »Gabriel war sogar zweimal auf der Erde.«

»Meinst du den Engel, der bei Maria war?«, schaltet sich nun Tim in das Gespräch.

Uli nickt stolz. »Klar«, sagt er, »und bei den Hirten war er auch. Und was glaubt ihr, wie die sich erschreckt haben! Gabriel hat es mir selber gesagt. Also erschrecken sich nicht nur Engel, sondern auch die Menschen. Und deshalb braucht ihr gar nicht so zu tun, als ob ...«

»Tun wir ja gar nicht«, platzt Conni dazwischen, »außerdem ist das mit Gabriel sowieso schon fast zweitausend Jahre her.«

Ach, nun hätte Uli fast vergessen, dass auf der Erde die Zeit ganz anders läuft als im Himmel. Zweitausend Jahre sind auf der Erde viele, viele, viele Menschengeschichten lang. Aber für Engel sind sie nur ein paar Augenblicke. Deshalb scheint es Uli so, als sei Gabriel erst gestern bei den Menschen gewesen. Aber das ahnen Conni und Tim natürlich nicht. Was wissen sie schon von Hirten und Schafen und Engeln, die plötzlich mitten auf dem Feld auftauchen.

»Eine ganze Menge«, lacht Conni, »Bauer Thiele hat uns nämlich davon erzählt und Mama hat uns gestern Abend aus dem Lukasbuch vorgelesen. Und soll ich dir was sagen? Den Hirten ging es gerade so wie dir eben. Sie dachten, was ist das für eine merkwürdige Nacht? Lauern etwa wilde Tiere in der Nähe? Ganz wachsam hockten sie an ihrem Feuer und spähten in die Dunkelheit. Da knurrte und grollte es wie aus Tims Deckenhöhle heraus. Vielleicht waren sogar richtige, echte, böse Räuber in der Gegend. Doch dann wurde es plötzlich hell, mindestens so hell wie eben, als ich die Deckenlampe angeknipst habe. Und die Hirten waren bestimmt genauso geblendet wie du. Und gefürchtet haben die sich auch. Und warum? Nicht etwa, weil jemand wie ich auftauchte, sondern ein Engel, nämlich dein Gabriel.«

»Und Gabriel hat genau dasselbe gemacht wie Conni«, fährt Tim fort, »er hat den Hirten gesagt, dass sie sich nicht fürchten sollen.«

»Das ist aber ulkig«, überlegt Uli, »dann habe ich ja die ganze Hirtengeschichte selber erlebt, nur umgekehrt. Conni, du warst der Engel und ich ein Hirte. Bloß die Schafe, die fehlten.«

»Mäh«, blökt Tim und hüpft mit allen vieren gleichzeitig in die Luft, so dass ihm sein Schlapphut vom Kopf fliegt und ein paar Meter durchs Zimmer rollt. Seine Haare ringeln sich wirklich genauso wie Schäfchenlöckchen und er springt und hopst wie ein Lämmchen. Doch schließlich bleibt er vor Uli stehen. »Ein besseres Schaf kann ich dir nicht bieten«, grinst er, »die laufen hier nämlich fast genauso selten herum wie Engel.«

»Und eigentlich gibt es in diesem Zimmer auch keine echten Räuber«, sagt Conni.

»Nur manchmal im Wald«, wirft Tim dazwischen, knurrt ein bisschen und rollt schon wieder mit den Augen. »Und genau da gehen wir jetzt hin«, verkündet Conni.

Was wollen Tim und Conni denn im Wald?, wundert sich Uli. Er kommt gar nicht dazu, Conni zu fragen. Schon erklärt sie: »Deswegen bin ich nämlich überhaupt erst hier hereingeplatzt. Tim, Papa hat gesagt, ich soll dich holen. Er steht schon mit Stiefeln und Axt vor der Tür und wartet auf uns. Los, beeil dich.«

Sofort springt Tim auf. Er sieht überhaupt nicht ängstlich aus. Er scheint sich sogar zu freuen, denn plötzlich strahlt er über das ganze Gesicht.

»Endlich holen wir ihn«, jubelt er.

»Wen denn?«, will Uli wissen. Doch Tim und Conni stürzen schon zur Tür hinaus. Uli ist es zwar ganz schön mulmig zumute. Aber wenn er wissen will, was der Menschenpapa und die Menschenkinder mit einer Axt im Wald vorhaben, dann muss er sich unsichtbar machen und ihnen folgen. Manchmal nämlich wird einer nur dann schlauer, wenn er seine Angst überwindet und selber nachschaut. Genauso haben es damals die Hirten gemacht. Gabriel hatte ihnen von Jesus erzählt. Sofort machten sie sich auf den Weg zu ihm. Und dann haben sie im Stall von Bethlehem Weihnachten erlebt. Genau das will Uli auch. Deshalb schlüpft er jetzt schnell hinter den Kindern her. So schlimm wird es im Wald schon nicht werden, denn der Menschenpapa ist ja dabei. Kannst du dir denken, was er, Tim und Conni vorhaben?

21. Dezember
Was die Menschen
im Wald
zu suchen haben

Im Wald ist es düster wie in einer Räuberhöhle. Uli zittert noch bei der Erinnerung daran, wie er sich vor dem Tim-Räuber erschreckt hat. Nun hofft er, dass hinter den Bäumen nicht ein echter Räuber lauert. Tim hat ja zum Glück nur gespielt. Aber hier im Wald? Hier spielt bestimmt keiner einfach nur so ein bisschen herum. Zum Glück ist Uli nicht alleine. Tim, Conni und ihr Vater stapfen vor ihm her. Der Menschenpapa trägt sogar eine Axt über seiner Schulter. Da soll sich bloß mal ein Räuber rantrauen. Oder ist die Axt vielleicht für etwas ganz anderes da als zum Räuberverjagen?

Vorsichtig schwebt Uli hinter den drei Menschen her. Das ist ganz einfach. Er braucht nur ihren Spuren folgen, die sie in die dünne Schneedecke drücken. Über Nacht hat es wieder ein bisschen geschneit. Nun sieht der Wald aus wie mit Zucker überpudert. Uli hat an einem Blättchen geleckt. Aber süß geschmeckt hat der Schnee nicht. Er war nur eisig kalt und so nass, dass Uli sich geschüttelt hat. Dabei schaukelte der Ast so heftig hin und her, dass er seine ganze weiße Schneelast heruntergeschüttelt hat, und zwar genau in dem Augenblick, als Papa unter ihm hindurchmarschierte. Nun hat der Schnee ihm eine weiße Mütze aufgesetzt und ist sogar in seinen Kragen gekrochen. Da hat Papa aufgeschrien, wie es Papas nur ganz selten tun, hat die Axt fallen gelassen und sich überrascht zu Conni und Tim umgedreht.

»Wer war das?«, ruft er.

Conni und Tim schauen sich verdutzt an. Sie haben nichts getan. Vielleicht hat ja der Wind in den Ästen gezaust? Eigentlich keine schlechte Idee, findet Conni und greift nach dem

Zweig, der sich genau über ihr ausstreckt. Der Schnee stürzt über Tim herunter. Der muss sich natürlich sofort rächen. Doch weil er nicht groß genug ist, um an die Äste zu langen, bückt er sich und greift in den Schnee zu seinen Füßen. Er hält sich gar nicht lange damit auf, einen Ball zu formen, sondern schmeißt mit vollen Händen den Schnee nach rechts und nach links. Mal trifft er Papa und mal Conni. Doch die beiden lassen sich auch nichts gefallen. Ruckzuck sind sie mittendrin in der schönsten Schneeballschlacht. Sogar Uli macht mit. Doch davon merken die Menschen nichts. Sie wundern sich nur, dass eine Schneeladung nach der anderen aus allen möglichen Richtungen auf sie niederregnet.

»Nanu«, staunt Papa, »dreht der Wind sich heute aber schnell.«

Prüfend hebt er seinen Finger in die Luft.

»Kinder, lasst uns beeilen. Wenn der Wind so wechselhaft ist, dann gibt es vielleicht noch ein Unwetter. Und wir wollen es doch noch im Trockenen schaffen.«

Was wollen die Menschen schaffen? Neugierig rauscht Uli näher an den Papa heran, so dass es raschelt, als würde wirklich der Wind zwischen den Baumstämmen hindurchfahren. Deshalb schüttelt Papa den Schnee von seinen Schultern, hebt die Axt vom Boden und marschiert sofort los. Wo will er bloß hin?

Conni und Tim folgen ihm lachend. Sie quietschen und johlen so laut wie eine Herde Papagaien. Beinahe hätte Uli die fremden Menschenstimmen überhört. Doch je tiefer sie in den Wald eindringen, umso deutlicher vernimmt er nun Männerstimmen. Stoßen sie also doch auf Räuber? Ängstlich drückt Uli sich zwischen Conni und Tim. Doch die scheinen sich kein bisschen zu fürchten. Im Gegenteil, vor lauter Vorfreude schreien sie nur noch lauter, obwohl der Wald immer dichter und dunkler wird. Papa muss immer wieder Zweige zur Seite schieben oder hochhalten, damit die Kinder sich unter ihnen hindurchquetschen können. Uli segelt einfach über ihre Spitzen hinweg. Das ist nicht schwer, und er braucht auch keine Angst zu haben, seine Menschen zu verlieren, denn die Tannen wachsen hier längst nicht so hoch in den Himmel wie noch vor wenigen Minuten. Nur wenige von ihnen sind größer als Papa. Papa betrachtet sie prüfend. Manchmal bleibt er sogar stehen und schaut sich eine Tanne genau an.

»Gleich sind wir da«, freut sich Tim.

Papa hebt die Axt von der Schulter. Und dann stehen sie plötzlich vor einer Menge Männer. Die meisten tragen Stiefel und dicke Anoraks und genauso eine Axt wie Papa. Einige haben sogar Kinder dabei, die genauso lachen und sich freuen wie Conni und Tim. Keiner scheint sich zu fürchten. Also ist hier wohl doch kein Räubertreffpunkt. Aber was dann? Uli beobachtet, wie ein Mann mit Bart und einem lustigen spitzen Hut auf Papa zukommt.

»Haben Sie sich schon eine ausgesucht?«, fragt er. Papa schüttelt den Kopf.

»Hauptsache, sie ist schön gerade und gleichmäßig gewachsen«, sagt er.

»Und riesig groß«, schreit Tim dazwischen.

Der fremde Mann lacht.

»Dann schauen Sie mal da drüben«, schlägt er vor und zeigt auf ein Fleckchen, wo sich die größten Tannen in die Höhe recken. Papa marschiert sofort los. Tim überholt ihn, rennt von Baum zu Baum und springt um jeden herum wie ein Indianer ums Lagerfeuer.

»Komische Sitten haben die Menschen«, wundert sich Uli.

»Wie bitte?«, fragt Conni den fremden, bärtigen Mann.

»Ich habe nichts gesagt«, grinst der.

»Ich bin's«, flüstert Uli und streckt seine Nasenspitze aus der Unsichtbarkeit heraus. Das macht er so schnell, dass der fremde Mann nichts mitbekommt. Conni kann ihn aber gerade erkennen. »Ach, Uli«, ruft sie.

»Ich heiße nicht Uli«, brummt der Mann.

Doch Conni hört nicht auf ihn. Stattdessen grabscht sie in die Luft, genau dahin, wo sie Uli vermutet, erwischt ihn an seinen zerzausten Engelslocken und zieht ihn hinter sich her mitten zwischen die großen Tannen, wo Tim immer noch seine Indianertänze aufführt.

»Nicht so schnell«, prustet Uli.

Da bleibt Conni endlich stehen. Uli hakt sich bei ihr ein und macht sich ein klitzekleines bisschen sichtbar, aber nur so viel, dass Conni ihm in das Gesicht schauen kann. Denn wenn man mit jemandem redet, ist es schön, seine Augen zu sehen.

»War das eben ein Räuber?«, fragt Uli.

»Nein, der Förster«, erklärt Conni, »der muss dabei sein, wenn im Wald Bäume geschlagen werden. Der muss das nämlich erlauben. Oder glaubst du, es kann sich jeder einfach irgendeinen Baum aussuchen?«

»Aber warum werden die armen Bäume geschlagen? Waren sie unartig, dass man sie verhauen muss?«

»Quatsch«, kichert Conni, »wir hauen sie doch nicht, sondern wir fällen einen. Und dann nehmen wir ihn mit nach Hause.«

»Weil er unartig war?«, hakt Uli nach.

»Bäume sind doch nicht unartig«, widerspricht Conni, »und deshalb brauchen wir auch keinen zu bestrafen. Im Gegenteil: Die Tannen werden sogar geschmückt. Wir hängen Lichter und Sterne an die Zweige und Ketten und Kugeln und ...«

»Aber warum denn?«

»Weil er ein Weihnachtsbaum wird und zwar genau in drei Tagen. Dann ist nämlich endlich Weihnachten.«

22. Dezember
Lauter
Überraschungen

Uli versteht wieder einmal gar nichts. Conni und Tim sind mit ihrem Papa in den Wald gegangen, und zwar genau dorthin, wo die hübschesten Tannenbäume wachsen. Uli ist ihnen gefolgt. Denn er wollte zu gerne wissen, was die Menschen so kurz vor Weihnachten im Wald zu suchen haben.

»Einen Weihnachtsbaum natürlich«, hat Conni ihm erklärt. Was Conni bloß damit meint? Uli kapiert einfach nicht, dass erst ein Baum gehauen und dann auch noch mit Sternen behängt werden soll, die doch eigentlich an den Himmel gehören. Und er versteht auch nicht, warum Tim so aufgeregt um die Bäume hopst. Sucht er etwa einen aus? Tatsächlich, nun scheint er eine Tanne gefunden zu haben, die auch Papa gefällt. Papa legt die Axt an und der Förster mit dem spitzen Hut hilft ihm. In wenigen Minuten neigt sich der Baum zur Seite.

»Vorsicht«, schreit Papa. Tim, Conni und Uli spritzen zur Seite. Der Förster bindet die Äste der Tanne mit einer Kordel zusammen. Danach zählt Papa ihm Geld in die Hand.

»Wir müssen den Baum natürlich bezahlen«, flüstert Conni dem verdutzten Engel ins Ohr, »erst dann gehört er uns. Papa wird ihn zu Hause aufstellen und dann stecken wir Kerzen daran und ...«

»Lichter«, raunt Uli und nickt mit dem Kopf, »endlich verstehe ich auch mal was. Vier Kerzen auf dem Adventskranz sind natürlich viel zu wenig für ein Lichterfest.«

»Was denn für ein Lichterfest?«

»Weihnachten natürlich. Weihnachten ist ein Lichterfest. Hast du das nicht gewusst? Gabriel hat es mir jedenfalls so erklärt: Das Licht ist in die Welt gekommen ...«

»Was denn für ein Licht?«, will Conni wissen.

»Na, Jesus, das ist doch schon längst kein Geheimnis mehr, denn darüber haben wir doch schon tausendmal gesprochen.«

»Und warum ist er ein Licht?«

Endlich kann Uli Conni alles erzählen, was er über Weihnachten weiß. Das war ja sein Auftrag. Nun kann er erklären, wie Gott es an Weihnachten hell werden lässt. Sein Sohn Jesus kam zu den Menschen. Der zeigt ihnen, wie lieb Gott sie hat. Und wenn einer richtig doll geliebt wird, dann ist es, als scheint ein helles Licht auf ihn.

»Ist doch super, oder?«, freut sich Uli.

So ist das also, denkt Conni. Nun haben sie über Maria und Josef, über Bethlehem und den Stall, über Esel und Schafe und Hirten gesprochen. Dabei ist das Allerwichtigste an Weihnachten eigentlich Jesus. Nachdenklich trottet Conni hinter Tim und Papa durch den Wald. Die beiden mühen sich sehr den Baum nach Hause zu schleifen.

»Wir hätten einen Schlitten mitnehmen sollen«, sagt Papa. Aber schließlich schaffen sie es auch ohne. Nur müde und voller Tannennadeln sind sie, als sie endlich zu Hause eintreffen. Papa wandert gleich unter die Dusche. Danach befreit er die Tanne von ihren Fesseln und schraubt sie in einen Baumständer.

Und Conni und Tim? Die müssen natürlich auch erst mal in die Badewanne. Aber dann, als alle blitzblank sauber sind, die Tannennadeln aus den Haaren gespült und der Baumharz von Händen und Armen heruntergeschrubbt ist, ruft Mama sie an den Wohnzimmertisch. Sie hat ihre Überraschungskiste aus der Küchenschublade geholt und bestürzt festgestellt, dass da noch ziemlich viel Platz drin ist.

»Was muss denn noch rein?«, fragt Uli, der hinter Conni auf der Stuhllehne schaukelt.

»Weihnachtsbaumschmuck natürlich«, wispert Conni, »ich habe dir doch erklärt, dass der Tannenbaum geschmückt wird. Was glaubst du wohl, wofür wir in den letzten Wochen die vielen hübschen Dinge gebastelt haben?«

Sie kippt die Kiste auf dem Tisch aus. Holznikoläuse und goldene Nüsse, Herzkörbchen und Strohsterne, Saltzeigplätzchen und Minilaternchen purzeln auf die Tischplatte. Nun legt Mama noch ein Heftchen Buntpapier dazu.

»Wie schmückt sich ein schöner Baum am liebsten«, fragt sie, »mit einer Kette natürlich. Und genau die fehlt noch. «

Conni und Tim machen sich gleich an die Arbeit. Aus dem Buntpapier schneiden sie dünne Streifen, die sie zu Ringen zusammenkleben. Ein Ring in den anderen gehängt, ergibt es eine hübsche Kette. Je mehr Ringe, umso länger die Kette. Wie lang wohl deine Kette wird? Und wie oft kann sie sich wohl um den Weihnachtsbaum ringeln?

Das wirst du und auch Conni und Tim erst am Heiligen Abend erfahren, denn vorher dürft ihr den aufgestellten und geschmückten Baum nicht sehen. Wie er fix und fertig und bunt herausgeputzt im Weihnachtszimmer steht, soll nämlich eine Überraschung bleiben. Diese Überraschung werden Mama und Papa alleine vorbereiten und eine Menge anderer Geheimnisse haben sie außerdem noch. Aber die werden nicht verraten.

23. Dezember
Das schönste
Geschenk für das
Geburtstagskind

Den ganzen Morgen lungern Conni und Tim vor der Wohn-
zimmertür herum. Die Tür ist fest verschlossen. Dahinter ru-
mort und raschelt es geheimnisvoll. Die Kinder wissen genau,
wer diese Geräusche macht. Papa natürlich. Zu gerne würden
sie wissen, was er da drinnen werkelt. Doch Papa verrät nichts
und nachgucken lässt er die Kinder auch nicht. Nicht einmal
durchs Schlüsselloch dürfen sie linsen. Papa hat ein Tuch da-
vorgehängt.

»Seid nicht so neugierig«, ruft er jedes Mal, wenn Conni oder
Tim gegen die Tür stoßen. Aber das ist gar nicht so einfach.

»Ihr braucht doch nur noch bis morgen warten«, tröstet
Papa sie.

Conni seufzt. »Einmal noch schlafen«, sagt sie.

»... dann ist endlich Weihnachten«, ergänzt Tim und
scharrt ungeduldig mit seinen Füßen auf dem Boden herum.

»Ihr macht mich ganz nervös«, ruft Papa, »habt ihr denn
gar nichts zu tun?«

»Nö«, mault Tim.

Der Tag vor Weihnachten ist immer furchtbar langweilig.
Heute haben die Ferien begonnen, so dass die Kinder auch den
Vormittag frei haben. Jetzt hätten sie eigentlich Zeit für all die
Sachen, die sie sonst immer machen möchten, wenn sie zur
Schule müssen oder wenn Mama sie bittet, den Tisch abzu-
räumen oder ihnen sonst irgendeine Aufgabe aufträgt. Aber
heute kann nicht einmal Mama die Kinder gebrauchen. »Spielt
doch etwas«, schlägt sie vor.

Doch Conni hat keine Idee und Tim schon lange nicht. Die
beiden würden viel lieber bei den Weihnachtsvorbereitun-

gen helfen. Bestimmt schmückt Papa gerade den Baum mit den vielen Bastelarbeiten, die die Kinder in den letzten Wochen hergestellt haben, stellt die Krippe auf und rückt die Möbel so zurecht, dass im Zimmer genügend Platz für die Weihnachtsgeschenke, das Auspacken und Spielen entsteht. Conni und Tim würden heute sogar liebend gern Mama helfen. Doch die hat sich mit Tüten und Päckchen und riesigen Rollen buntem Papier und Bändern in der Küche verbarrikadiert. Wenn die Kinder zu ihr hereinplatzen würden, dann würden sie die ganzen schönen Überraschungen sehen und dann wäre der Heilige Abend längst nicht so spannend und aufregend. Dabei ist Tim zum Platzen neugierig. Dauernd knufft und stupst er Conni und quängelt herum, bis es Conni schließlich zu viel wird. Sie muss sich sehr zusammennehmen, um Tim nicht auf die Finger zu hauen. Aber einen Tag vor Weihnachten wird nicht gezankt. Dabei ist sie selber ganz aus dem Häuschen vor lauter Anspannung. Aber eine große Schwester kann sich natürlich nicht benehmen wie ein kleiner Zappelbruder. Eine große Schwester ist nämlich tausendmal vernünftiger. Deshalb schlendert Conni so gelassen wie möglich in ihr Kinderzimmer, schwingt sich auf die Fensterbank, verschränkt die Arme, hebt die Nase in die Höhe und tut so, als merke sie gar nicht, wie Tim hinter ihr her wirbelt. Von der Fensterbank herunter erklärt sie schließlich ihrem kleinen Bruder, dass es doch wirklich schade wäre, wenn sie nicht warten könnten.

»Dann haben wir morgen nämlich keine Überraschungen mehr«, sagt sie.

»Was denn für Überraschungen«, haucht ein Stimmchen neben ihr und jemand zupft an ihrem Ärmel. Erstaunt dreht Conni sich zur Seite. Neben ihr hockt der Uli-Engel. Vor lauter Aufregung haben die Kinder gar nicht mehr an ihn gedacht.

»Geschenke natürlich«, erklärt Conni.

»Was denn für Geschenke?«, fragt Uli.

»Weihnachtsgeschenke«, sagt Tim, »ist doch klar, dass es zu Weihnachten Geschenke gibt.«

»Warum denn?«, fragt Uli weiter.

»Weil ... weil an Weihnachten ... weil eben ...«, stammelt Tim. Auch Conni ist ratlos. Ja, warum gibt es eigentlich an Weihnachten Geschenke?

Uli wiegt seinen Kopf hin und her, betrachtet die Kinder, zupft sich am Engelohr und wuselt in seinen Engelhaaren. Schließlich hat er eine Idee.

»Weil Weihnachten ein Geburtstag ist. Und an Geburtstagen gibt es Geschenke«, ruft er.

»Ja, aber Conni hat keinen Geburtstag und ich auch nicht«, gibt Tim zu bedenken, »trotzdem haben Mama und Papa für uns Geschenke besorgt.«

Auch Conni findet, dass da etwas nicht stimmt. Angestrengt zupft Uli weiter an seinem Ohr. Aber eine Lösung weiß er nicht. Jetzt müsste er seinen Freund Gabriel fragen können. Oder hat Gabriel ihm vielleicht schon von den Geschenken erzählt und Uli erinnert sich nur nicht mehr daran? Aber er ist doch ein Engel und Engel vergessen eigentlich nie etwas. Deshalb zieht und zerrt Uli an seinem anderen Ohr. Und da fällt es ihm schließlich ein: Jesus selber ist Gottes Geschenk an die Menschen.

»Der ist aber nicht besonders hübsch verpackt«, lacht Tim, »nur in Windeln und Stroh und so ...«

»Vielleicht hatte Gott ja kein Geschenkpapier«, kichert Conni.

Doch Uli bleibt ernst. »Darauf kommt es gar nicht an«, sagt er, »die Hauptsache ist doch das Geschenk und nicht die Verpackung.«

»Aber mit Verpackung ist es viel spannender«, findet Tim.

Uli seufzt. »Ich glaube, die Menschen waren auch so schon gespannt genug. Und hör mal, Tim, die haben nicht nur von einem Jahr zum anderen auf das Geschenk von Gott gewartet, oder so mickrige vier Adventwochen, sondern viele hundert Jahre. Gott hatte schon viele Jahre vor dem ersten Weihnachtsfest den Menschen versprochen ihnen seinen Sohn zu schicken. Was glaubst du, was die gewartet haben. Die haben fast nicht mehr daran geglaubt. Stell dir mal vor, die hätten erst noch lange auspacken müssen oder so ... Nein, nein, Gott hat das schon richtig gemacht.«

»Trotzdem verstehe ich das nicht«, überlegt Conni.

Sie hält ihre Nase längst nicht mehr so hoch. Nun gleitet sie sogar von der Fensterbank herunter und hockt sich neben Tim auf den Boden. Gespannt blicken beide Kinder zu Uli auf.

»Jesus ist geboren«, überlegt sie, »also hat er Geburtstag. Und wenn er Geburtstag hat, dann müsste doch eigentlich er die Geschenke kriegen.«

»Das stimmt«, gibt Uli zu, »und die bekommt er auch, nämlich immer dann, wenn sich die Menschen gegenseitig beschenken.«

»Das kapier ich nicht«, sagt Tim und schaut fragend zu Conni. Aber auch die zuckt ratlos die Schultern.

»Das ist doch ganz einfach«, meint Uli, »was ist das schönste Geschenk?«

»Das, was einer unbedingt haben möchte«, platzt Conni heraus.

»Genau«, ruft Tim, »ich hätte am liebsten eine Legoeisenbahn.«

»Und was glaubt ihr, was Jesus sich wünscht?«, fragt Uli.

»Vielleicht, dass die Menschen sich freuen?«, versucht es Conni.

»Na, sicher«, nickt Uli, »Jesus freut sich, wenn die Menschen sich freuen, wenn sie sich lieb haben und sich das auch gegenseitig zeigen. Und das können sie am besten ...«

»... indem sie sich beschenken«, weiß Conni.

Uli strahlt. »Genau«, freut er sich.

Aber Conni bleibt immer noch nachdenklich.

»Mama und Papa haben uns bestimmt sehr lieb«, überlegt sie, »denn sie bereiten gerade eine Menge schöner Sachen für uns vor.«

»Aber wir haben Mama und Papa auch lieb«, wirft Tim dazwischen, »und deshalb wäre es doch toll, wenn wir ihnen auch etwas schenken würden.«

»Darüber würde sich das Geburtstagskind Jesus bestimmt freuen«, lächelt Uli.

Tim springt sofort auf. Er ist voller Tatendrang. Er möchte am liebsten sofort mit Schenken loslegen. Aber bevor man jemandem etwas schenken kann, muss man erst überlegen, worüber der andere sich wohl freut. Denn ein Geschenk soll ja Freude machen. Eigentlich fällt das den Kindern ziemlich spät ein, denn morgen ist ja schon Heilig Abend. Sie schämen sich auch ein bisschen, dass sie nicht früher an ein Geschenk für die Eltern gedacht haben. Aber besser spät als gar nicht.

 *Conni hat auch schon eine Idee. Gestern haben sie Ketten für den Weihnachtsbaum gebastelt. Vielleicht würde Mama sich auch über eine freuen, natürlich nicht über eine Baumkette, sondern über eine Frauenkette.*
Conni weiß auch schon, wie sie selber schöne bunte Perlen herstellen kann.

Aus den Seiten von alten Illustrierten schneidet sie lange spitze Streifen, die mindestens so lang sind wie eine ganze Seite. Oben sind sie etwa drei bis vier Zentimeter breit und unten so spitz wie eine Nadel. Die rollt sie nun von oben bis unten auf und klebt die Spitze mit einem Tropfen Kleber fest. Viele solcher Perlen fädelt sie auf einen Faden, den sie zum Schluss verknotet. Fertig ist die Kette.

Und was bekommt Papa? Tim hat in der Zwischenzeit verschiedene Kästen und Kartons, Streichholz- und Käseschachteln zusammengesucht. Die verzieren die Kinder jetzt mit buntem Papier und kleben sie so auf- und nebeneinander, dass ein bunter Schubladenkasten entsteht. Auf Deckel oder Schübe befestigen sie Knöpfe aus Mamas Nähkasten. In dieses Schränkchen kann Papa prima Nägel, Schrauben, Kleber, Gummibänder, Büroklammern oder anderen Krimskrams einsortieren.

Fallen dir auch Geschenke für deine Eltern ein? Vielleicht hast du viel bessere Ideen als Conni und Tim. Wenn nicht, dann bastel einfach Connis Kette und Tims Schubladenkasten nach. Aber nichts den Eltern verraten. Schließlich sollen die Geschenke ja eine Überraschung sein.

24. Dezember
Jesus bei
den Menschen

Heute ist es endlich so weit. Der ganze Himmel strahlt. Die Sterne sind aus ihren Schaukelbettchen gekrabbelt, die Chorengel haben sich auf der Wiese vor der Himmelsbibliothek versammelt, Rafael, der Bibliotheksengel, lässt heute seine Bücher ruhen, und Gabriel ... ja, wo steckt eigentlich Gabriel?

Rasch, bevor das große Geburtstagsfest beginnt, hat er sich noch einmal auf seinen Lieblingsplatz zurückgezogen, nämlich in den gemütlichen Ohrensessel im Lichtersaal. Gabriel sitzt alleine hier. Bevor der Engelsgesang, die Freude und das Feiern beginnt, will er noch ein paar Minütchen für sich alleine haben. Denn manchmal ist es besonders schön, sich still für sich zu freuen. Dann kann man in Ruhe darüber nachdenken, warum man sich überhaupt freut. Und wenn man es ganz sicher weiß, dann kann es passieren, dass die Freude und die Begeisterung so groß werden, dass man am liebsten vor lauter Glück platzen möchte. Dann ist es das Allerschönste, sie mit einem Freund zu teilen. Deshalb wünscht Gabriel sich nun seinen kleinen Freund, den Engel Uli, herbei. Mit ihm könnte er über die Menschen reden und darüber, wie sie auf der Erde den wichtigsten Geburtstag der Welt feiern, denn Uli ist ja bei den Menschen und hat schließlich alles miterlebt. Damals, vor fast 2.000 Jahren, als Gabriel auf der Erde war, war dieser Geburtstag kein Fest. Jesus, Gottes Sohn, kam unbeachtet, arm und winzig klein zur Welt. Die meisten Menschen wussten nicht einmal, dass er geboren war. Aber das hat sich ja, Gott sei Dank, geändert. Zumindest Conni und Tim wissen jetzt prima Bescheid.

Nachdenklich lehnt Gabriel sich im Sessel zurück. Da piekt ihn plötzlich etwas Eckiges, Hartes in die Seite. Etwas muss in seiner Engelkleidtasche stecken. Gabriel beugt sich ein Stückchen nach vorne, langt in seine Tasche und zieht ein Buch hervor: das Menschengeschichtenbuch von Conni und Tim. Es ist um ein paar Seiten dicker geworden, seit er es das letzte Mal in den Händen hielt, denn die Kinder Conni und Tim haben ja inzwischen eine Menge erlebt. Und der Uli-Engel mit ihnen. Gerade in diesem Augenblick feiern sie zusammen Weihnachten. Gabriel braucht bloß das Buch aufzuschlagen und darin zu lesen. Gleich kann er alle drei und sogar die Menscheneltern vor sich sehen wie in einem Film, mehr noch, es ist gerade so, als wäre er bei ihnen. Gabriel kann sich genau vorstellen, wie er neben den zappelnden, ungeduldigen Kindern im Flur wartet. Hübsch herausgeputzt wie die Engel im Himmel haben sie sich. Sie strahlen vor Sauberkeit, frischen Kleidern und Weihnachtsfreude. Mama und Papa sind schon ins Weihnachtszimmer geschlichen. Die Kinder warten draußen, bis von drinnen ein Glöckchen erklingt. Dann endlich dürfen sie die Tür öffnen. Atemlos bleiben sie an der Türschwelle stehen. Wie glänzt das Zimmer und wie strahlen die Lichter am Weihnachtsbaum. Überall sind Kerzen aufgestellt, Tannengrün duftet. Auf den Fensterbänken glitzern aus Connis und Tims Goldpapierlaternen tausend Stecknadelpünktchen und an den Scheiben blinkern ihre Transparentpapiersterne wie die Himmelslichter über dem Stall von Bethlehem in der Weihnachtsnacht. Gabriel reißt weit die Augen auf. Das Menschenwohnzimmer sieht ja fast so aus wie der Lichtersaal in der Himmelsbibliothek. Es leuchtet beinahe genauso hell.

»So ist also das Licht zu den Menschen gekommen«, freut er sich.

»Logisch«, flüstert ein Stimmchen, »es ist ja schließlich Weihnachten.«

Nanu, ist das nicht Uli? Das klingt ja gerade so, als säße er neben Gabriel im Lichtersaal-Ohrensessel. Dabei schaukelt Uli auf der Lehne von dem Stuhl, auf dem Tim sich gerade niederlässt. Er ist genauso gespannt und aufgeregt wie der Menschenjunge. Was wird jetzt wohl als Nächstes passieren?

Zuerst machen die Menschen genau das, was die Engel im Himmel auch gerade tun: Sie singen ein Weihnachtslied. Uli kann sich genau ausmalen, wie der Dirigentenengel seine Arme hebt und den Einsatz gibt. Und dann singen alle gemeinsam, Engel und Menschen: Freu dich, Erd und Sternenzelt, hallelujah, Gottes Sohn kam auf die Welt, hallelujah ...

Tim schielt dabei die ganze Zeit zu den hübschen bunten Päckchen, die unter dem Tannenbaum aufgebaut sind. Aber nachdem das Lied verklungen ist, klappt Mama, die sich gemütlich in eine Sofaecke gekuschelt hat, das dicke Buch auf, das auf ihren Knien liegt. Die Geschenke beachtet sie überhaupt nicht. Stattdessen fragt sie:

»Was ist das Wichtigste an Weihnachten?«

»Die Überraschungen natürlich«, schmunzelt Papa und zwinkert den Kindern zu. Doch Conni widerspricht ihm. Sie hat in den letzten Tagen eine Menge über Weihnachten gelernt. Und deshalb weiß sie genau: Das Wichtigste an Weihnachten ist das Geburtstagskind Jesus.

»Eigentlich habe ich das auch gewusst«, lächelt Papa, »und weil wir heute Geburtstag feiern, machen wir es genauso wie an euren Geburtstagen.«

Gespannt lehnt Uli sich nach vorne. Nun endlich wird er alles erfahren. Deshalb war er ja schließlich auf die Erde gekommen. Er wollte einmal einen richtigen Geburtstag erleben. Und nun darf er sogar bei dem wichtigsten Geburtstag der Welt dabei sein. Vor lauter Aufregung lehnt er sich noch ein Stückchen mehr vornüber. Beinahe wäre er von seiner Stuhllehne gepurzelt. Er kann sich gerade noch rechtzeitig auf Tims Schulter abstützen. Ein Glück, dass Engel federleicht sind, sonst hätte er Tim noch vom Stuhl gestupst. Doch Tim spürt nur einen leichten Hauch im Rücken. Er achtet gar nicht darauf, denn Papa erzählt gerade, wie sehr er und Mama sich darüber freuen, dass ihnen ihre Kinder geboren wurden. Und vor lauter Freude erinnern sie sich an jedem Geburtstag lang und breit, wie es war, als Conni und Tim auf die Welt kamen.

»Und weil heute Jesus Geburtstag hat, erinnern wir uns daran, wie er geboren wurde. Ich lese euch das mal vor«, fährt
Mama fort. Sie hebt das dicke Buch vor ihre Augen und will
gerade beginnen. Doch da fällt Conni ihr ins Wort.

»Das wissen wir längst«, ruft sie.

»Genau«, stimmt Tim ihr zu.

Weil er schon längst nicht mehr still sitzen kann, springt er
auf. Uli auf Tims Schulter macht einen fröhlichen Hopser. Tim
stellt sich kerzengerade vor den leuchtenden Tannenbaum und
beginnt: »Zu der Zeit, als Jesus geboren wurde, ließ der Kaiser
Augustus alle seine Untertanen zählen. Jeder musste in die
Stadt, in der er geboren war. Auch Josef aus Galiläa, aus der Stadt
Nazareth machte sich auf den Weg in seine Geburtsstadt Bethlehem. Und mit ihm ging seine Frau Maria, die war schwanger.«

»Dort bekam sie ihren ersten Sohn«, fällt Conni ein, »sie
wickelte ihn in Windeln und legte ihn in eine Futterkrippe,
denn sie hatten nur in einem kleinen Stall Platz zum Übernachten gefunden.«

»In derselben Gegend lagerten Hirten auf dem Felde bei
ihren Herden«, sagt Tim, »die hüteten in der Nacht ihre Schafe. Plötzlich trat ein Engel zu ihnen. Da erschraken sie sehr.
Doch der Engel sagte ...«

»Fürchtet euch nicht«, wispert Uli hinter Tims Rücken hervor, »ich verkündige euch nämlich große Freude, die alle
Menschen erreichen soll, denn euch ist heute Gottes Sohn geboren ...«

»Also doch eine Überraschung«, schmunzelt Papa und
blinzelt schon wieder zu den Geschenken unter dem Tannenbaum.

»Ist Jesus denn auch ein Geschenk?«, wundert sich Tim.

»Na klar«, nickt Mama, »Jesus ist Gottes Geschenk an die
Menschen.«

Unter dem Tannenbaum liegen lange und breite und hohe
und schmale Päckchen. Aber Jesus sitzt nicht dazwischen.

»Der ist unsichtbar«, weiß Conni, »deswegen ist er aber
trotzdem bestimmt da. Du weißt doch, dass es manches gibt,
auch wenn wir es nicht sehen.«

»Genau«, flüstert Uli Tim ins Ohr, »mich zum Beispiel.«

Da muss Tim lachen. Klar, Uli ist so wirklich und wahrhaftig im Zimmer wie Tims Nasenspitze. Warum also sollte Jesus nicht auch da sein? Doch Uli kann er ein kleines bisschen hören und manchmal, wenn Uli zu leuchten beginnt, sogar sehen. Aber Jesus? Woran kann Tim erkennen, dass Jesus da ist?

»Da liegt er doch«, erklärt Papa und zeigt auf die Krippe, die er neben den vielen Geschenken aufgebaut hat. Tatsächlich, da knien unter einem Holzdach zwischen Ochse und Esel Maria, Josef und die Hirten. Sogar die drei weisen Männer aus dem Morgenland sind da. Und in der Krippe liegt ein winzig kleines Babypüppchen. Es sieht alles genauso aus, wie es Tim und Conni vorhin aufgesagt haben und wie es auch in Mamas dickem Buch geschrieben steht. Doch Tim ist trotzdem enttäuscht.

»Das ist ja nur Ton und gar nicht echt«, sagt er.

»Stimmt«, nickt Mama, »die Krippe ist auch nur zur Erinnerung da, genauso wie eure Babyfotos, die wir uns so gerne an euren Geburtstagen anschauen.«

»Aber wo ist Jesus jetzt«, bohrt Tim weiter.

»Vielleicht ist das eine Überraschung?«, überlegt Papa.

»Ach, du mit deinen Überraschungen«, kichert Conni. Doch dann fällt ihr plötzlich ein, was Uli gestern über Geschenke erzählt hat. Jesus freut sich, wenn die Menschen sich gegenseitig Freude bereiten. Vielleicht ist er immer da, wo Menschen sich freuen, weil sie sich lieb haben?

»Und da, wo sie es sich auch zeigen«, bestätigt Mama, »und wisst ihr was, genau das machen wir jetzt. Was glaubt ihr, warum da unter dem Baum so viele Päckchen liegen? Natürlich, weil wir euch Freude machen wollen. Und Freude wollen wir euch machen, weil wir euch lieb haben.«

»Wir euch auch«, ruft Tim. Und damit Mama das auch merkt, überreicht er ihr das erste Geschenk, nämlich die Kette, die er und Conni gestern gebastelt haben. Und als Zweiter wird Papa beschenkt. Der bekommt kugelrunde Augen vor Staunen. Und darüber freuen Conni und Tim sich so sehr, dass sie beinahe ihre eigenen Geschenke vergessen. Aber nur einen klitzekleinen Moment. Dann dürfen sie endlich ihre eigenen Überraschungen auspacken.

Es wird ein langer Abend mit viel Lachen und Spielen, Singen und Erzählen. Uli hat sich längst ganz nah neben der Krippe unter dem Tannenbaum zusammengerollt.

»Weihnachten ist fast so, als wäre der Himmel schon ein bisschen bei den Menschen«, träumt er und schließt selig die Augen. »Ist er auch«, flüstert Gabriel und zupft Uli am silbernen Engelhaar. Erstaunt schlägt Uli seine Augen auf. Er ist doch tatsächlich im Himmel aufgewacht, gerade in der gemütlichsten Ecke von Gabriels Ohrensessel. Gabriel ist ein bisschen zur Seite gerückt, um ihm Platz zu machen. Nun klappt er das Menschengeschichtenbuch von Conni und Tim zu.

»Nun können wir es wohl zurück an seinen Platz in der Himmelsbibliothek stellen«, lächelt er, »und dann lass uns zusammen zu den anderen gehen.«

Vorsichtig hilft er dem verschlafenen Uli auf die Beine und führt ihn durch den Lichtersaal, der wie ein Weihnachtszimmer glänzt. Draußen auf der Wiese vor der Bibliothek leuchtet es noch heller vor lauter freudestrahlenden Engeln. Alle haben sich versammelt. Und als sie nun zu singen beginnen, stimmt Uli als Lautester mit ein: »Ehre sei Gott in der Höhe und Frieden auf Erden den Menschen, die ihm wohl gefallen.«